KIRSTEN BRODDE

SAUBERE
SACHEN

KIRSTEN BRODDE

SAUBERE SACHEN

Wie man
grüne Mode findet
und sich vor
Öko-Etikettenschwindel
schützt

FSC
Mix
Produktgruppe aus vorbildlich
bewirtschafteten Wäldern und
anderen kontrollierten Herkünften
Zert.-Nr. SGS-COC-1940
www.fsc.org
© 1996 Forest Stewardship Council

Verlagsgruppe Random House FSC-DEU-0100
Das für dieses Buch verwendete
FSC-zertifizierte Papier *Munken Premium*
liefert Arctic Paper Munkedals AB, Schweden.

Redaktion: Ernst Dahlke, München
Copyright © 2009 by Ludwig Verlag, München,
in der Verlagsgruppe Random House GmbH
Umschlaggestaltung: Eisele Grafik-Design, München
Layout und Herstellung: Ursula Maenner
Satz: Leingärtner, Nabburg
Druck und Bindung: GGP Media GmbH, Pößneck
Printed in Germany 2009
ISBN 978-3-453-28003-8

www.ludwig-verlag.de

Inhaltsverzeichnis

Teil 1 – ZEITGEIST

Kapitel 1
Grüner Konsum – ein Thema, das bleibt
»Grün ist das neue Cool« – Wie ein Trend zur Bewegung wurde und vom Essen
übers Reisen bis zum Bauen alle Lebensbereiche erfasst. Natürlich auch

Kapitel 2
Kann man sich eine bessere Welt kaufen?
Wie bewusste Konsumenten die Supermarktkasse zur Wahlkabine machen
und die Märkte erziehen, indem sie kaufen und bestimmen. Aber bringt das
wirklich was? Gilt es nicht, zweigleisig zu fahren und sich auch politisch zu

Kapitel 3
Anziehend: Die Rolle der Prominenten
Top Down statt Graswurzelrevolution: Wie die gutbürgerliche Kundschaft prominenten Ökovorbildern wie Cameron Diaz oder Leonardo DiCaprio nacheifert.

Teil 2 – APOKALYPSE

Kapitel 4
Moderne Sklavenarbeit

Häufig sind es rechtlose Näherinnen und oft sogar Kinder, die für Hunger-löhne T-Shirts, Jacken und Hosen schneidern. Ausbeutung bis aufs letzte Hemd: Geschichten von modernen Sklaven wie Jasmine aus China. Wohin das Geld geht, wenn wir Klamotten kaufen. Warum Kontrollen so wenig ausrichten.

Kapitel 5
Gift auf dem Acker – Pestizide

Giftspritze auf dem Acker: Baumwolle – von Natur keine Spur. Pestizid-Tote: Die Weltgesundheitsorganisation schätzt, dass 20 000 Menschen jährlich an Vergiftungen durch Endosulfan und Co. sterben. Kann gentechnisch ver-änderte Baumwolle daran etwas ändern?

Kapitel 6
Die grellbunte Gefahr

Chemikalienflut außer Kontrolle – zum Veredeln, Färben und Bedrucken von Kleidung werden Tausende von Stoffen eingesetzt, über deren Giftigkeit erschreckend wenig bekannt ist. Auf den Etiketten der Kleidung ist das nicht sichtbar.

Kapitel 7
Klimakiller Kleidung

Wie viel Kohlendioxid setzt eigentlich ein T-Shirt frei? In einer Zeit zunehmen-der globaler Klimaerwärmung wird die CO_2-Bilanz zur neuen Währung, um die Produkte zu beurteilen. Gibt es schon Kleidung, die klimaneutral herge-stellt wird?

Kapitel 8
Fallbeispiel Tchibo

Die Firma Tchibo – einer der großen Textilhändler in Deutschland – steht für mich stellvertretend für die Undurchsichtigkeit einer ganzen Branche, die sich bisher immer noch weigert preiszugeben, wie und wo sie ihre Kleidung pro-duzieren lässt.

Teil 3 – DIE ALTERNATIVE

Teil 4 – DIE ZUKUNFT

Kapitel 14
Experimentierfreude gewünscht: Die anderen Naturfasern
Morgen tragen wir womöglich Kleider aus Ananasblättern und Schuhe aus Kokosnussfasern. Ein Plädoyer für mehr Vielfalt und mehr Innovationen in der Modebranche. Welche Alternativen haben eine Chance?

Kapitel 15
Die Evolution der Kunstfasern
Jede zweite Textilfaser ist heute ein Produkt der Petrochemie. Doch die Bilanz von Kunstfasern kann sich durchaus sehen lassen – nicht zuletzt, weil sie kreislauffähig sind und sich gut recyceln lassen.

Kapitel 16
Neue Leitbilder für die Mode
Weniger kaufen, mehr leihen oder tauschen, Umsteigen auf Secondhand-Kleidung. Trends, die in den USA und England schon lange en vogue sind, schwappen erst langsam zu uns herüber.

Epilog

Teil 5 – SERVICE

Prolog

Verzweifelte Blicke in den Kleiderschrank

Was fällt Ihnen beim Stichwort Ökomode ein? Wollsocken? Das farblose T-Shirt mit »Rettet die Meere«-Aufdruck? Oder das lilafarbene Hanfkleid, dessen wallende Form locker einen Siebenmonatsbauch kaschieren könnte?

Das sind so die vertrauten Klischees, die sich hartnäckig halten. Bis heute kämpft die grüne Mode mit ihrem Müsli-Image. Anders ist es nicht zu erklären, warum viele deutsche Prominente, wie etwa Claudia Schiffer, zwar im Biosupermarkt einkaufen oder ein Hybrid-Auto fahren, aber keine Ökomode tragen.

Ehrlich gesagt, musste auch ich diese Vorurteile erst überwinden, als ich im Zuge der Generalüberholung meines Lebensstils auch die Revolution im Kleiderschrank startete. Nachdem ich bereits auf Bioessen und tierversuchsfreie Kosmetik umgeschwenkt war, alle Glühbirnen durch Energiesparlampen ersetzt hatte und nur noch mit Bus und Bahn fuhr, stand ich nachdenklich vor meinem Wäscheschrank und überlegte, was eigentlich sauber und sozialverträglich hergestellt war. Welche meiner T-Shirts, Jacken und Hosen waren nicht von rechtlosen Näherinnen oder sogar von Kindern für Hungerlöhne geschneidert? Was war nicht vom Acker bis zum Schrank durch ein Bad von Chemikalien gezogen worden? Machte mich meine Kleidung vielleicht sogar krank?

Fragen, die mich zusehends quälten. Aufgerüttelt hatten mich Recherchereisen zu Produktionsstätten in die Türkei und nach Indien, die ich als Redakteurin des *Greenpeace Magazins* unternahm. Mit eigenen Augen hatte ich gesehen, dass knochenharte Arbeitsbedingungen und eine Flut von giftiger Chemie gängige Praxis in der Textilindustrie sind. Ich erinnere mich noch, wie ich mitten in Indien fassungslos in einer Bretterbude stand, in der Insektizide verkauft wurden. Stolz erklärte der Verkäufer, wie effektiv die Spritzmittel von Bayer und Co. den Baumwollschädlingen den Garaus machen. Von Vorsicht im Umgang mit den hochpotenten Wirkstoffen war nicht die Rede. Mundschutz oder Atemmasken gab es gar nicht. Zwei Stunden zuvor hatte ich einem alten Mann zugehört, der mit lauter Stimme 200 Baumwollfarmern schilderte, wie Pestizide seine Gesundheit ruiniert und das Grundwasserasser vergiftet hatten.

In der Türkei wiederum konnte ich erleben, wie nachlässig in Färbereien mit Chemikalien umgegangen wird – übrigens alles Firmen, die wenigstens an die Kanalisation angeschlossen waren. Von den Bedingungen, unter denen dort geschuftet wird, gar nicht zu reden.

Was mir aber wirklich eine Zornesfalte auf die Stirn trieb, war die Chuzpe, mit der die Textilindustrie die eklatanten

Missstände in den Fabriken zu verbergen oder schönzureden versucht. Von Menschen- und Arbeitsrechten will man nichts hören.

Aus Erfahrung und langen Jahren in der Umweltschutzbewegung weiß ich, dass die Firmen den nötigen Wandel nicht von selbst in stiller Einkehr vollziehen. Es braucht Druck und öffentliche Aufmerksamkeit, bis sauber und sozialverträglich hergestellte Kleidung eine Selbstverständlichkeit wird. Jedes Kleidungsstück sollte eine weiße Weste haben. Nichts anderes darf mehr angeboten werden. Das ist das Ziel.

Gerne schiebt die Branche den Schwarzen Peter auch den Kunden zu, die sich angeblich nicht dafür interessieren, woher die Kleidung stammt, die sie kaufen. Aus vielen Gesprächen weiß ich, dass das nicht stimmt. Die Kunden sind weiter als die Branche. Sie wollen informiert essen, informiert reisen und sich informiert kleiden. Und sie wollen, dass die Produkte, die sie kaufen, sauber und sozialverträglich hergestellt sind. Wie ich. Ich glaube nicht, dass man mit Einkaufen allein die Welt umkrempeln kann, aber ich denke schon, dass jeder Einkauf eine Stimmabgabe darstellt. In der Politik können wir nur alle vier Jahre unsere Stimme abgeben – als Konsument dagegen jeden Tag. Wenn wir also grüne Mode kaufen, dann stimmen wir – einfach ausgedrückt – für weniger Gift und mehr Gerechtigkeit. Für Pflanzen, die auf giftfreien Äckern wurzeln, für faire Bezahlung von Bauern, für eine Verarbeitung mit weniger und ökologisch optimierten Chemikalien, für Nähereien mit hohen Sozialstandards, für Kontrollen, die entlang der gesamten Produktionskette sichern, dass die Ware clean bleibt.

Kurzzeitig befiel mich die Angst, dass ich womöglich nackt und barfuß gehen müsste, wenn ich versuchte, mich ökologisch und ethisch einwandfrei zu kleiden. Die gute Nachricht ist: Es geht, ich bin von Kopf bis Fuß auf Öko umgestellt und musste keinen Kredit aufnehmen. Und es ist ein Ammenmärchen, dass man mit grüner Mode nicht schön und aufregend aussehen kann.

Vor einigen Jahren wäre das tatsächlich noch schwer gewesen. Aber das grüne Gewissen bei Modemachern hat so an Gewicht gewonnen und der Markt so an Fahrt aufgenommen, dass die Leistungsschau der jungen Branche auf internationalen Modemessen beeindruckend ist. Noch nie war Vernunft so schön und attraktiv. Entworfen und produziert wurde die grüne Mode zunächst durch eine kleine, feine Gründeravantgarde. Diesen »Zwergen«, die aus Überzeugung eine andere Mode machen, gehört mein Herz. Sie wirken als Katalysator für die gesamte Branche und bieten die Chance, dass die gesamte textile Welt moralisch und umweltpolitisch vorankommt. Durch den Erfolg der Kleinen gerieten auch die großen Firmen in Zugzwang und stiegen ein. Was früher nur mühsam im Internet oder über den Versandhandel zu bekommen war, hat so auch die Shoppingmeilen der Metropolen erobert. Gerade der Einstieg der Branchenriesen hat aber auch Misstrauen geschürt. Die Kunden fürchten grünen Etikettenschwindel, denn sie mutmaßen, dass viele Firmen aus Marketinggründen und nicht aus Überzeugung einsteigen. Etliche sind tatsächlich wenig zögerlich, problematische Methoden anzuwenden, um sich als Umweltschützer auszugeben. Dabei sind es so gut wie nie glatte Lügen, mit denen Schönfärberei betrieben wird. In der Regel werden Fakten verdreht, weggelassen oder in irreführende Zusammenhänge gestellt und übertrieben, was das Zeug hält. Das geschönte Bild wird durch teure Werbekampagnen öffentlich verbreitet und von den Medien nur selten als grün gefärbt entlarvt.

Die Strategien sind durchaus erfinderisch: Manchmal ist die aufwendig beworbene Ware schon vergriffen – war also bestenfalls nur in geringen Stückzahlen produziert worden. Ein anderes Mal entpuppt sich etwas nur als »erdfarben« oder »locker geschnitten«, was da als grün verkauft wurde. Und ob eine Jeans, die zwar aus Biobaumwolle ist, aber mit viel Chemie auf alt und löchrig getrimmt wurde, eigentlich öko ist, muss man ja wohl fragen dürfen. Hier gilt es, sich schlauzumachen und durch solide Informationen die eigene Urteilskraft zu stärken. Gut ist: Für die Unternehmen gibt es nichts Wertvolleres zu verlieren als ihren guten Ruf. Dennoch ist in der boomenden Branche mit Mauscheleien zu rechnen. Das stellt aber nicht die Idee grundsätzlich infrage und ist schon gar kein Grund, für weniger Geld konventionelle Kleidung zu kaufen, für die hemmungslos Land und Leute ausgebeutet werden.

Dieses Buch hilft Ihnen dabei, die Kleidung und die Unternehmen zu finden, die glaubwürdig neue Wege gehen und zu Recht Laufstege und Läden erobern.

Im ersten Teil werden Sie erfahren, warum die Zeit reif ist für die Revolution im Schrank, wie die Kundschaft prominenten Vorbildern nacheifert und warum man sich kaum mehr ohne ökologisch korrekte Mode sehen lassen kann.

Im zweiten Teil werfen wir einen Blick hinter die Kulissen der Textilindustrie und zeigen, was dort an der Tagesordnung ist. Da es die aktuelle Umweltdebatte maßgeblich bestimmt, geht es auch darum, ob unsere Kleidung ein Klimakiller ist und was wir von klimaneutraler Kleidung zu halten haben. Am Ende dieses Teils beschreibe ich, warum ich mit einem selbst gemalten Plakat vor einer Tchibo-Filiale stand und warum der Kaffeeröster und heutige Textilgigant stellvertretend für die Undurchsichtigkeit der ganzen konventionellen Branche steht.

Nach der Apokalypse folgt die Alternative. Der dritte Teil des Buches zeigt, wo die junge Branche steht, wie die grüne Mode aussieht, wer sie entwirft und wo sie zu bekommen ist. Hier wird der wachsende Markt erkundet.

Im letzten Teil des Buches wird von den Defiziten des jungen Trends gesprochen und was zu tun bleibt. Zu fragen ist, ob wir unsere Lust an der Abwechslung und der Verwandlung eigentlich auch anders befriedigen können, als nur mit dem Kaufen immer neuer Kleidung.

Dazu gehören auch Tauschpartys, die ich inzwischen selbst veranstalte. Nachdem meine Freundinnen mich zwischenzeitlich dank meines Rufes als Fashion-Polizistin nicht mehr an ihren Kleiderschrank lassen wollten, bin ich mittlerweile zum begehrten Einkaufsscout und Tauschpartner avanciert. Ich habe auch noch ein »I love my planet«-Shirt und einen selbst zerschnittenen Jutesack als Erinnerung an alte Zeiten. Sieht ein bißchen aus wie eine Kutte, aber missionarisch bin ich ja durchaus.

Die Erziehung meiner Kinder fruchtet inzwischen auch – jedenfalls manchmal. Meine Teenager-Tochter habe ich neulich dabei erwischt, wie sie einer Freundin die Lust an einem Top mit Pailletten verdarb. »Das kann keine Maschine«, erklärte sie, »die haben sicher Kinder aufgenäht.« Das Teil blieb im Laden. Gutes Kind! Andererseits wurde sie ein Meister der Nebelkerzen. Wenn sie jetzt, mit Tüten bepackt, vom Shoppen kommt und meine steile Nasenfalte sieht, sagt sie zuerst: »Guck mal, Mami, ein Bioshirt!« Den Rest zeigt sie mir dann später.

Kapitel 1

Grüner Konsum – ein Thema, das bleibt

»Grün ist das neue Cool« – Wie ein Trend zur Bewegung wurde und vom Essen übers Reisen bis zum Bauen alle Lebensbereiche erfasst. Natürlich auch die Mode.

Begonnen hatte alles im Kühlschrank und nicht im Kleiderschrank. Dabei lag es eigentlich nahe, dass die Generalüberholung meines Lebensstils zügig auch meinen Dresscode erwischen würde. Denn kaum etwas kommt uns im wahrsten Sinne des Wortes so nahe wie Kleidung. Manchmal sitzt sie ja geradezu hauteng. Mir war anfangs allerdings nicht klar, wie schmutzig die Textilindustrie ist und wie sehr sie Kunden mit grünem Gewissen braucht, die lautstark eine saubere Alternative fordern.

Da ich aber schon in riesigen Hühner- und Schweinemastbetrieben gestanden hatte, wo Tiere zu Tausenden vegetierten, und auf Reisen gesehen hatte, wie intensiv Obst und Gemüse mit Dünger und Pestiziden gepäppelt wurden, startete ich beim Essen und mit einem Selbstversuch. Rigoros räumte ich unseren Kühlschrank aus und stellte meine Familie auf 100 Prozent Bioessen um. Das war 2002.

Die Folgen unserer veränderten Gewohnheiten und Konsumentscheidungen schilderte ich in einem Tagebuch für das *Greenpeace Magazin*, bei dem ich als Journalistin arbeitete. Solche Themen des grünen Alltags aufzugreifen war nicht selbstverständlich. Essen, Reisen oder Kleidung galten bei einem seriösen politischen Magazin schlicht als »randständig«. Man war halt mit wichtigeren Themen beschäftigt als mit der eigenen Ernährung, dem eigenen Aussehen. Ging es doch um die Rettung der Welt, und die hatte mit Verbraucherentscheidungen schrecklich wenig zu tun, oder? Doch dieser Meinung war ich nicht. Und das andere Essen wurde bei mir – wie vermutlich bei vielen Menschen – zum Zündfunken beim Umschwenken auf ein umweltfreundlicheres Leben. Später erst stellte sich die Frage der eigenen Mobilität oder die Wahl des Stromanbieters. Aber wie es der Berliner Philosoph Wilhelm Schmid in seinem Buch über Ökologische Lebenskunst so schön sagt: »Auf dem Weg zu einem umweltfreundlicheren Leben muss man klein anfangen und dann eine Gewohnheit nach der anderen ändern.«

Politischen Aufwind erhielt der Wandel zum bewussten Konsumieren durch die damalige rot-grüne Bundesregierung, die mit Renate Künast eine streitbare Ministerin hatte, die den Entscheidungen der Verbraucher die notwendige politische Bedeutung gab. Heute tritt sie auch auf Modemessen auf und erteilt der Branche Nachhilfe bei der grünen Revolution im Kleiderschrank, aber damals war ihr erstes

Thema: Anders essen! Renate Künast zeigte aber nicht nur Alternativen auf, sondern führte für Biolebensmittel auch eine einfache Kennzeichnung ein – das sechseckige Bio-Siegel. Von da an bekam man regelmäßig neue Erfolgsmeldungen auf den Redaktionsschreibtisch, wie viele Tausend Produkte inzwischen so gekennzeichnet und damit für Käufer leicht erkennbar waren. Ein solches Label für grüne Mode würde auch dieser Branche zum verdienten Durchbruch verhelfen und die Nachfrage schlagartig ansteigen lassen – davon ist Grünen-Chefin Renate Künast überzeugt. Die Bilanz gibt ihr Recht: Bio boomt!

Heute steht in jedem Kühlschrank zumindest ein Liter Biomilch oder ein Biojoghurt, und die *Süddeutsche Zeitung* verkündete das »Fünf-Milliarden-Wunder« – einen neuen Rekordumsatz mit Ökolebensmitteln im Jahr 2007. Nach Auskunft von Statistikern greifen mittlerweile 90 Prozent der Bundesbürger zumindest hin und wieder zu Bioware.

Wichtiger ist aber: Der Trend hat inzwischen auch andere Branchen erfasst, und es kann schon mal passieren, dass das Kastanienshampoo für die Haarwäsche oder die Holzpellets für den Ofen ausverkauft sind. Einkaufen mit gutem Gewissen ist angesagt. »Die Moralisierung der Märkte«, wie der Soziologe Nico Stehr es nennt, schreitet fort und dehnt sich ausgehend von Nahrungsmitteln auf Reisen, Wohnen und Kleidung aus – alles Branchen, in denen laut Stehr jetzt »Maximen wie Nachhaltigkeit, Fairness und Solidarität« verstärkt eine Rolle spielen.

Plakativer sprechen die Trendforscher vom Zukunftsinstitut in Kelkheim bei Frankfurt am Main von *Greenomics* –

einer Prestige und Profit versprechenden Öko-Ökonomie, die 2008 Schlüsselmärkte wie Tourismus, Gesundheit und Wellness, Design und eben Mode erfasst habe. Manchmal frage man sich, wie das alles sein könne, schreibt Autor Fred Grimm, der einen Öko-Einkaufsführer für sieben Branchen verfasst hat. Neben Autos, PCs oder Geldanlagen sei nun auch die Mode ergrünt. Selbst bei H&M oder C&A finde man jetzt ethisch korrekte Leibchen.

Dass es auch die Modebranche erreicht hat, war nicht nur für Grimm, sondern auch für viele Beobachter der Szene überraschend. Ökologisch orientierte Lebensführung war lange Zeit gleichbedeutend mit Desinteresse, ja Verachtung für die als oberflächlich geltende Welt der Mode. Grüne Mode erschien als Paradox: Die Umweltschützer beharrten strikt auf ihrem Mantra »reduce, reuse, recycle« (reduzieren, wiederverwenden, wiederverwerten); echte Modefans dagegen fanden jedes Stück von letzter Saison im Schrank absolut unmöglich. Für mich war klar, dass sich die Kluft zwischen diesen beiden Extremen schließen würde.

Ökologisch unbedenkliche und ökonomisch faire Mode ist die logische Fortführung des Trends zum Bioessen. Nichts lassen wir sonst so dicht an uns heran wie die Kleidung, die Metapher von der »zweiten Haut« versinnbildlicht diese Nähe perfekt. Und die Modebranche hat, wie andere Branchen vorher, zielsicher erkannt, dass die Ökologie zum Motor der Ökonomie wird und Geld in die Kassen der von Krisen geschüttelten Unternehmen spült.

So schnell hat das grüne Gewissen an Gewicht gewonnen, dass jetzt plötzlich alle Klima- und Umweltschützer sein wollen. Der Enthusiasmus, mit dem da »Visionen« und »Missionen« formuliert werden, stimmt erfahrene Konsumkritiker misstrauisch. Gibt es wirklich einen neuen Geist in den Unternehmen und Manager, die sich um die Umwelt sorgen? Oder wird dem »Raubtierkapitalismus« nur eine Wertehülle übergestülpt, damit sich endlich auch an denjenigen verdienen lässt, die bislang nichts mit überbordenden Warenwelten zu tun haben wollten?

Tatsächlich spüre ich als kritische Umweltaktivistin eine neue Dynamik bei den Unternehmen und bin davon überzeugt, dass viele von ihnen tatsächlich ein Interesse daran haben, bei ihren Produkten und ihrer Produktion zu mehr Integrität zu gelangen. Und ich beobachte – nicht nur in der Modebranche – eine feine, kleine grüne Gründeravantgarde, die den großen Konzernen mit ihrem Engagement und ihren Erfolgen Dampf macht. Die großen Tanker geraten durch diese kleinen Schnellboote, die sie überholen, gehörig unter Druck und sind gezwungen, Arbeitsrechten und Umweltschutz mehr Gewicht zu geben. Es ist schon erstaunlich: Früher hat es handfeste Skandale gebraucht, etwa das Aufdecken von Kinderarbeit bei den Textilriesen Gap und Nike, damit die Unternehmen mit einer Ethik- und Öko-Kehrtwende ihren beschädigten Ruf zu retten versuchten – heute wollen schlicht alle beim Weltretten dabei sein.

Wie ambitioniert dieser neue Anspruch umgesetzt wird – und wie gut er sich via Werbung und Internet verbreiten lässt, damit die neue Ethik auch etwas abwirft –, kann man sehr schön an der ergrünten Kaufhauskette Marks&Spencer in Großbritannien zeigen. In der Lobby der Londoner Zentrale laufen unaufhörlich Botschaften über einen riesigen elektronischen Ticker. Sie beschreiben den Fortschritt bei »Plan A«, einem Paket von 100 edlen Zielen für die nächsten fünf Jahre. Die Firma will unter anderem 15 000 Kindern in Uganda eine Schulausbildung ermöglichen, CO_2-neutral werden, ihre Umsätze mit *organic food* verdreifachen und Zug um Zug auf Kleidung aus biologisch angebauten Fasern umsteigen. Bereits 2008 verkaufte sie über 20 Millionen Kleidungsstücke aus fair gehandelter Baumwolle. Jede einzelne der 450 Filialen hat ihren eigenen Favoriten bei Plan A, der übrigens so heißt, weil es keinen Plan B gibt. »Wir wollen in allen Bereichen gut sein«, sagt Mike Barry, der das Programm leitet. Er prognostiziert, dass die Erwartungen der Konsumenten noch steigen werden. Gerade bei Kleidung führe kein Weg am Umsteigen auf saubere und sozialverträgliche Ware vorbei.

Hier ist offenbar Kapital vorhanden und entsprechendes Wissen, um zum Champion des Ethik-Rittertums aufzusteigen. Aber es hat sich auch noch etwas womöglich Entscheidenderes in ganz Europa getan: Der politische Wille, das Umweltbewusstsein der Unternehmen und den grünen Lebensstil der Bürger mit entsprechenden Gesetzesvorgaben zu stützen, ist rasant gewachsen. Klimapakete, Energiesparverordnung, Chemikalienrecht, Verbraucherinformationsgesetz – alle diese Regelungen unterstützen das Umdenken und verhelfen nach und nach lange geschmähten natürlichen Verfahren, zum Zuge zu kommen. Wer hätte gedacht, dass die Textilindustrie sich einmal für das vormals vielbelächelte Färben mit Pflanzen interessieren würde? Der ehemalige Außenseiter ist erst interessant, seit das strenge EU-Chemikalienrecht auch die Farbenhersteller zwingt, über sauberere Alternativen nachzudenken.

In Deutschland sind derzeit politische Allianzen zu beobachten, die noch vor kurzem undenkbar schienen. Nach der ersten schwarz-grünen Landesregierung in Hamburg diskutieren Politiker nun auch auf Bundesebene die schwarz-grüne Wende. Vorauseilend titelte das Politmagazin *Cicero* im April 2008: »Jetzt kommt die Bionade-Republik«.

Ich bin überzeugt, dass die Attraktivität des Grünseins anhalten wird, die grünen Märkte weiter wachsen und der grüne Konsum eine Idee ist, die bleibt. Zu öffentlich und zu prominent ist das Thema, als dass es bald wieder wie eine Blase zerplatzt. Der Dreiklang aus politischem Willen, dem Wissen, wie es anders geht, und sicher auch Wagniskapital wird dafür sorgen, dass die grüne Revolution eher mächtiger wird und noch rasanter an Fahrt aufnimmt. Nicht zu vergessen die rasch wachsende Zahl von Konsumenten, die inzwischen »grün« ticken.

Greenomics – eine Chance für die Wirtschaft

»Wer sich rechtzeitig für umweltbewusste Märkte öffnet, wird zu den Gewinnern zählen«, lautet die These der Autoren von *Greenomics*, eines durchaus empfehlenswerten Buches, das im Sommer 2008 erschienen ist. Eike Wenzel, Anja Kirig und Christian Rauch sehen in der Tatsache, dass das Thema Umweltschutz breit in die Gesellschaft integriert ist, eine Chance für die Wirtschaft. Die Trendforscher zeigen, wie grüner Lifestyle zunehmend Konsumenten und Märkte verändert, und analysieren, welche Wirtschaftsbereiche vom ökologisch geprägten Konsumverhalten besonders profitieren können. Manches ist vielleicht ein wenig zu optimistisch, aber Trendforschung ist ja moderne Zeichendeutung, und so stehen offenbar derzeit alle Zeichen auf Grün.

Kapitel 2

Kann man sich eine bessere Welt kaufen?

Wie bewusste Konsumenten die Supermarktkasse zur Wahlkabine machen und die Märkte erziehen, indem sie kaufen und bestimmen. Aber bringt das wirklich was? Gilt es nicht, zweigleisig zu fahren und sich auch politisch zu engagieren?

Meine Teenager-Tochter kauft nicht gerne mit mir ein. Statt durch die Läden zu schlendern und dies und das anzuprobieren, studiere ich fast zwanghaft Etiketten in Kleidungsstücken und äußere mich kritisch über Kinderarbeit und Chemieeinsatz. Schlimmer noch: Meist stelle ich den Verkäuferinnen so viele Fragen, dass die sich schnell an die Inquisition erinnert fühlen. Bekanntlich wurde man da »peinlich befragt« und am Schluss gehängt oder verbrannt.

Es war in Berlin-Mitte, wo die spanische Marke Skunkfunk residiert. Der Laden ist gerappelt voll mit neuer Ware, und wir inspizieren Shirts und Taschen. Gekommen war ich nur wegen der Behauptung von Skunkfunk, dass dort grüne Mode angeboten wird – doch meine Frage nach der Hanf-

Unterwäsche löst Ratlosigkeit aus. »Haben wir nicht und haben wir auch nie gehabt«, antwortet die Verkäuferin, und als ich auf die Werbung in einer Zeitschrift hinweise und insistiere, scheint sie sogar sauer zu werden. »Sie sind ja gar keine normale Kundin«, sagt sie und ruft ihren Chef an. Der weiß Bescheid. Hanf-Unterwäsche gab es zuletzt 2006, jetzt gibt es Ware aus Bambus und Soja. Woher die Naturmaterialien kommen und wo sie genau drinstecken? Keine Antwort. Alles Weitere – so werde ich beschieden – möge ich bitte direkt mit der Firmenzentrale in Bilbao klären, und fast klingt es so, als handele es sich dabei um das Bermuda-Dreieck, in dem alle Fragen verschwinden werden.

Was sagt das? Erstens: Die Unternehmen zielen auf eine neue Klasse von Kunden, die sich durch eine individuelle, autonome und informierte Grundhaltung auszeichnen und die wollen, dass ihnen die Produktionsgeschichte der Waren, die sie zu kaufen beabsichtigen, erzählt wird. Zweitens aber: Wenn man das, wie Skunkfunk, allzu dilettantisch tut, ärgern sich diese Kunden über den schlechten Versuch und sind schnell enttäuscht – so wie ich.

Und damit gehöre ich zur Schar ökologisch korrekter Einkäufer, für die geheimnisvolle Kürzel geprägt wurden, die sich anhören, als handele es sich um neue Indianerstämme: die LOHAS (Lifestyle Of Health And Sustainability), die SCUPPIES (Socially-Conscious Upwardly Mobile Persons) und die LOVOS (Lifestyle Of Voluntary Simplicity). Ob nun Anhänger eines neues gesunden und nachhaltigen Lebensstils, sozial bewusst oder auf der Suche nach neuer Einfachheit – glaubt man den Studien hiesiger Zukunftsforscher, lässt sich darunter schon ein Drittel der Bevölkerung subsummieren. Laut *New York Times* sind diese Konsumenten die schnellstwachsende Verbrauchergruppe weltweit. Sie kaufen lieber im Biosupermarkt, bevorzugen Fleisch von Tieren aus artgerechter Haltung, Naturkosmetik sowie fair gehandelte T-Shirts, und wenn sie ein Auto kaufen, interessieren sie sich für das Hybrid-Modell.

Die abfällige Kritik an diesen »besserverdienenden Bio-Yuppies« ließ nicht lange auf sich warten. Die Gegner monierten, dass die LOHAS sich allzu pragmatisch bemühten, so widersprüchliche Bedürfnisse wie Genuss und Verantwortung, Ethik und Luxus miteinander zu verbinden. Politikaktivisten seien sie angeblich nicht. »Früher solidarisierte man sich und versuchte gemeinsam etwas zu verändern. Heute kauft man stattdessen ein T-Shirt der Marke American Apparel«, wird beispielsweise der Hamburger Trendforscher Peter Wippermann zitiert.

Ich halte das für falsch. Diese Kunden trauen sich doch offenbar etwas. Sie nehmen das Konsumieren so ernst wie den Gang zur Wahlurne und sehen ihr Konsumieren auch als politische Aktion. Nicht nur, dass sie Waren und Märkte tatsächlich verbessern, indem sie nur denen ihr Geld geben, die gute Ware anbieten, und die anderen ächten. Sie sind Typen, die sich nicht so schnell mit den Gegebenheiten zufriedengeben. Und wer erstmal Bioprodukte und Fairtrade-Waren kauft, wird es dabei nicht belassen. Es ist doch eigentlich nur logisch, dass diese Kunden auch eher bereit sind, sich politisch zu engagieren, wenn sie damit die Welt ein Stück besser machen können.

Diese Trendwende musste ich erst einmal verdauen. Plötzlich war ich mit meiner Hardcore-Konsumkritik nicht mehr en vogue. Wenn man seine vollkörnige Verbissenheit aber mal ein bisschen abstreift, kann man diese Konsumenten um ihre Leichtigkeit durchaus beneiden. Und ist das richtige Bewusstsein nicht tatsächlich besser als die orthodoxe Regelauslegung? Gewiss, mir scheint es wichtig, dass die neuen und die alten »Ökos« sich nicht gegeneinander ausspielen lassen. Politischer Konsum und politisches Engagement schließen sich nicht aus. Auch wenn sich das bei manchen erfahrenen Aktivisten anders anhört. »Es ist eine Illusion zu glauben, dass anderer Konsum die Welt retten kann«, sagte mir etwa der Volkswirt Thilo Bode. Bode stand mehr als zehn Jahre in verschiedenen Funktionen an der Spitze der Umweltorganisation Greenpeace. Jetzt leitet er in Berlin die Verbrauchschutzorganisation Foodwatch. Um Fortschritte in der Lebensmittel- oder – wie ich es mir wünsche – in der Modebranche zu erzielen, brauche es andere Spielregeln. Den nötigen Druck dafür könnten aber diese Konsumbürger nicht entfalten. Bode hält es für wirkungsvoller, wenn diese neuen Ökos Mitglied in einer Umwelt- oder Verbraucherschutzorganisation werden, die dann stellvertretend für sie die Konzerne und Behörden auf Trab bringt. Das ist eine gute Idee. Andere aber bevorzugen es vielleicht, zunächst im Internet an einem Boykott oder einer Protestaktion teilzunehmen. Nicht jedem liegt es, stundenlang Flugblätter in einer Fußgängerzone zu verteilen oder demonstrieren zu gehen und sich von Wasserwerfern durchnässen zu lassen. Jeder soll die Hürde selbst wählen, über die er springen will. Politisches Engagement kennt viele Wege. Vermutlich ist es am besten, zweigleisig zu fahren. Statt Glühbirnen Energiesparlampen zu kaufen, statt von T-Shirts aus dem Billigparadies auf welche aus Biobaumwolle umzusteigen UND sich politisch zu engagieren.

Mir fällt auf, dass die Internetportale und Online-Communities, in denen die neuen Ökos sich vernetzen, so etwas auch erproben. Auf ihrer Ende 2007 gestarteten Webseite Utopia bietet die Ex-Werberin Claudia Langer neben praktischen Tipps zunehmend streitbare Mitmachaktionen, etwa gegen Atomstrom, an. Und die neue Gegenöffentlichkeit im Netz hat durchaus politisches Potenzial. Wenn Claudia Langer sich, mit den Forderungen ihrer »Utopisten« im Gepäck, wortreich mit Umweltminister Sigmar Gabriel streitet, dann ist ihr Aufmerksamkeit gewiss. Diese Online-Communities und auch die Blogs der Szene mit Namen wie karmakonsum, vital-genuss, bioemma oder Nachhall-Texter funktionieren nach dem Vorbild antiker Marktplätze. Man trifft sich, exponiert sich, tauscht sich aus. Manche gehören zum engeren Kreis, andere stehen weiter am Rand. Meine persönliche Erfahrung mit diesen neuen Kommunikationskanälen und Web-2.0-Techniken der LOHAS-Szene ist durchaus positiv. Wer sich wie ich auf die Straße stellt, gegen knochenharte Bedingungen in der Textilindustrie protestiert und darüber bloggt, entfaltet durchaus politischen Druck – zettelt zumindest eine längst überfällige Debatte darüber an, wie man Kleidung sauberer und sozialverträglicher produzieren kann (siehe Kapitel 8). Deswegen bin ich gerne ein LOHAS!

Öko-Lifestyle im Selbstversuch

Man kann es ja mal versuchen. Und dabei Pleiten, Pech und Pannen der Generalüberholung seines ökologischen Alltags durchaus selbstironisch beschreiben. So wie der britische *Guardian*-Journalist Leo Hickman, der in seinem unterhaltsamen Buch *Fast nackt* erzählt, wie es ist, ein Jahr lang ökologisch korrekt zu leben. Mit einer Ehefrau, die nicht auf ihre geliebten Parfums und Cremes von Clarins verzichten will, Kompostwürmern in der Küche und der Erfahrung, für einen Drogendealer gehalten zu werden, wenn man in der Drogerie zwei Kilo Soda kauft, um damit Küche und Bad zu putzen. Manches quält ihn, anderes bereitet ihm zunehmend Spaß. Wichtiger als strenge Regeln zu befolgen, seien das richtige Bewusstsein und ein humorvoller Blick auf sich selbst, schreibt Hickman.

Das probierte auch die Amerikanerin Judith Levine, die ein Jahr versuchte, nur noch das Nötigste zu kaufen, und ihre Leiden in ihrem Buch *No Shopping* beschreibt. Herzzerreißend komisch erzählt sie, wie sie vor Beginn des Experiments noch ein letztes Mal einer Shoppingattacke erliegt. Ihr Landsmann Colin Beavan wagte noch Rigoroseres. Als »No Impact Man« versuchte er mitten in der Großstadt New York eine komplett umweltneutrale Existenz mit Kind und Hund. Er ist – frei nach Woody Allen – der Öko-Stadtneurotiker, der nicht mal mehr Fahrstuhl fährt, sondern Treppen steigt und selbst auf Toilettenpapier verzichtet. Sein Internet-Tagebuch regte die Webgemeinde hundertfach an, über ihre eigenen Erfahrungen mit dem Öko-Lifestyle zu berichten.

Nein, du kannst die Welt nicht eigenhändig retten, bilanziert Leo Hickman. Aber du kannst dich mehr bemühen, als du es gestern tatest. Und, hey, kann sein, dass du dabei sogar Spaß hast!

Kapitel 3

Anziehend: Die Rolle der Prominenten

Top Down statt Graswurzelrevolution: Wie die gutbürgerliche Kundschaft prominenten Ökovorbildern wie Cameron Diaz oder Leonardo DiCaprio nacheifert. Und welche Rolle »Grünes von der Insel« für die grüne Mode spielt.

Es gibt in Deutschland kaum Prominente, die sich persönlich zu ihrem Öko-Lifestyle bekennen. Nicht mal Umweltminister Sigmar Gabriel wirbt dafür, glänzt lieber als Innovationsminister mit Hightech-Lösungen für den Klimaschutz, statt mit dem Einkaufen auf dem Biomarkt, geschweige denn mit einer Hanfhose »5 Pocket« (für den Spree-Spaziergang) oder einer aus Ökoleinen (für Klimagipfel oder Erneuerbare-Energien-Kongresse).

Erst die Internet-Plattform Utopia schob ein paar deutsche Stars ins Rampenlicht. So testete TV-Moderatorin Sandra Maischberger Öko-Windeln und Schauspieler und Tatort-Kommissar Axel Milberg lud zum Hausbesuch, um ein flammendes Plädoyer für bewusstes Einkaufen zu halten. Ansonsten sieht es mit prominenten deutschen LOHAS mau aus: Wer kennt schon Esther Schweins, die eine Bio-Saftbar führt, oder Dieter Moor, der auf einem Bio-Bauernhof lebt? Immerhin: Die fair gehandelten Shirts des Kölner Mode-Startups Armedangels tragen der Schauspieler Jürgen Vogel, die Musiker der Band 2raumwohnung und Hip-Hop-Pionier Thomas D. Und das Cover des Katalogs des deutschen Versandgiganten Otto zierte im Biobaumwoll-Leibchen Tatjana Patitz, Super-Model und Umweltaktivistin.

Tatsächlich kam die Initialzündung für den grünen Konsum von ausgeprägten Genussmenschen – von Stars und Modedesignern der Lifestyle-Szene. Hollywood-Stars wie Leonardo DiCaprio (kritischer Dokumentarfilm *11th Hour*), Brad Pitt (Ökohäuser in New Orleans) oder Daryl Hannah (Aktionen gegen Ölverschmutzung in Ecuador/Amazonien) outeten sich als ökobewegt, die Hochglanzgazette *Vanity Fair* brachte wie die Nachrichtenmagazine *Time* und *Newsweek* eine grüne Ausgabe heraus mit Al Gore, George Clooney und Julia Roberts auf dem Titel. Das deutsche Lifestyle-Magazin *Ivy* aus dem Burda-Verlag, das leider nach nur zwei Ausgaben wieder eingestellt wurde, hatte ebenfalls erkannt, dass das bürgerliche Publikum solchen Öko-Trendsettern nacheifert, und warb mit dem surfenden Musiker Jack Johnson, der vor Schulklassen über Recycling spricht, der Filmschauspielerin und Vegetarierin Alicia Silverstone (nackt!) und dem Schauspieler Richard Dean Anderson, ehemals Serienstar MacGyver, jetzt Besitzer eines energieeffizienten Hauses und erklärter Wassersparer.

Man mag einzelnen grünen Leistungen misstrauen, die dort aufgelistet werden. Sicher ist aber, die Prominenten haben der grünen Idee ein Gesicht und eine Stimme gegeben und ihr, besonders bei den Jüngeren, einen deutlichen Wachstumsschub verschafft. »Celebrities können den Konsumenten Muster vorgeben«, glaubt auch der Ökonom Birger Priddat, »vorausgesetzt, man nimmt ihnen den nachhaltigen Lebensstil auch wirklich ab.« Vor allem die Sorge um den Klimawandel hat viele Stars bewegt, sich zu engagieren – spätestens seit US-Politiker Al Gore und der Weltklimarat IPCC 2007 gemeinsam den Friedensnobelpreis erhielten.

Interessanterweise stammen viele Prominente, die gerade der grünen Modeszene Popularität verschaffen, von der »grünen Insel« Großbritannien. In wenigen Jahren ist das einstige ökologische Niemandsland zu einem Vorreiter beim Umweltschutz geworden. Dort fordern selbst die konservativen Tories eine grüne Wende. Und noch radikaler dürfte es werden, sollte der bekanntermaßen ökobewegte Prince Charles doch noch König werden.

Momentan fährt die Metropole London einen besonders grünen Kurs. Ex-Bürgermeister Ken Livingstone, der nach langer Dienstzeit im Frühjahr 2008 abgelöst wurde, verordnete ein ambitioniertes Klimaschutzprogramm und verlangte beispielsweise von Besitzern schwerer Geländewagen und Luxuskarossen 34 Euro am Tag für die Fahrt ins Zentrum, wogegen Porsche allerdings erfolgreich klagte. Um das Umsteigen zu erleichtern, baute Livingstone gleichzeitig den öffentlichen Nahverkehr aus. Außerdem plante er die grüne Olympiade 2012 und fuhr schon mal nach China, um sich dort Nachhilfe in Sachen grünes Bauen zu holen. Dort realisiert die britische Firma Arup nahe Schanghai die erste Öko-Stadt der Welt. Prominente Umweltjournalisten wie George Monbiot vom *Guardian* unterstützen das Programm, und eine junge Umweltszene legt sich wie die Organisation Plane Stupid mit der Luftfahrtindustrie an, protestiert gegen den Ausbau von Flughäfen sowie eine dritte Startbahn für den Londoner Flughafen Heathrow. Und das Volk macht mit: 40 bis 70 Prozent der Briten machen ihre Kaufentscheidungen von ethischen Fragen abhängig. Das jedenfalls sagt Mary Rayner von der Zeitschrift *Ethical Consumer*, einer Art »Stiftung Ethiktest« für Produkte, die so gut läuft, weil die Briten geradezu süchtig nach solchen Bewertungen sind. Eine Umfrage des Londoner Marktanalysten Datamonitor zeigte 2008, dass die Briten pro Kopf mehr Geld für fair gehandelte Waren ausgeben als jeder andere Bürger in den elf untersuchten Industrieländern. Während es in England acht Euro pro Person und Jahr waren (im Jahr 2007), waren es in Spanien, Italien, Neuseeland oder Japan weniger als 60 Cent pro Person.

Kaufhausketten wie Marks&Spencer (M&S) oder Tesco, Marktführer bei den Supermärkten, haben erkannt, dass Ökowaren Gold wert sind, und trimmen ihr Angebot auf Grün. Gerade der 200 Millionen Pfund schwere Ökoplan des Traditionsunternehmens M&S treibt Supermärkte und Kaufhäuser auch in anderen Ländern vor sich her. »Er legt die Messlatten für alle höher«, sagt Jonathon Porritt, ehemaliger Direktor der Umweltgruppe Friends of the Earth und jetzt Berater der britischen Kaufhauskette.

Inzwischen hat selbst die konservative BBC das weltweit erste Online-Magazin über grüne Mode im Programm. Unter dem Motto: »Mode ohne Opfer« wird dort frei von Werbung über den Trend berichtet. Mit an Bord ist das Ex-Magermodel Twiggy, das für 100 Frauen eine Mode-Tauschparty organisierte, um sich mal neu einkleiden zu können, ohne Geld auszugeben (unter www.bbc.co.uk/thread/).

Der Trend zu grüner Mode speist sich speziell aus der Tierschutz- und Veganerszene in Großbritannien, die dort eine lange Tradition hat. Lange bevor das Thema Karriere machte, suchten die Anhänger dieser Ideen nach Alternativen sowohl im Kühl- als auch im Kleiderschrank – etwa nach lederfreien Schuhen. Prominenteste Vertreterin ist die Designerin Stella McCartney, die vegane Mode – ohne Leder und Pelz – entwirft und deren berühmter Vater Paul McCartney jüngst verkündete, Umweltschützer, die Fleisch essen würden, seien keine.

Noch mehr Aufsehen erregte aber Ali Hewson, Ehefrau von Popstar und Afrika-Aktivist Bono, die mit Edun ein eigenes grünes Modelabel gründete und sich auch selbst gern mit Teilen der femininen Kollektion zeigt. Rein wie ein nacktes Menschenkind sollte die Mode sein, rückwärts gelesen heißt edun nämlich nude – das englische Wort für nackt. Jedenfalls zeigen diese Prominenten, dass man nicht mehr in Jutesack und Zimtlatschen rumlaufen muss, um beim Weltretten mitzumachen. Mehr noch: Für sie ist grüne Mode längst salonfähig und ein absolutes Must-have.

Die Hipness, die da versprüht wird, ist auch auf den Laufstegen zu sehen. Die »London Fashion Week« war eine der ersten Schauen, die mit einem eigenen Ableger, der »Esthetica«, grüne Mode präsentierte. Eigentlich nur folgerichtig, denn auch Katharine Hamnett, die »Doyenne« der korrekten Kleidung, lebt in London. Sie war auf vielen Schauen erfolgreich, bevor sie der konventionellen Modebranche den Rücken kehrte und ein Label gründete, das das Motto humanitäre Verantwortung großschrieb. Schon 1984 trug sie Protest-Shirts gegen Atomwaffen auf einem Empfang von Premierministerin Margaret Thatcher. Und sie setzte konsequent auf Biobaumwolle, die auf giftfreien Äckern wurzelt. Jüngst entwarf sie T-Shirts für die britische Umweltgruppe Environmental Justice Foundation, die das Thema Kinderarbeit in der Baumwollernte kritisch aufgreift. Sicher hat ihr Vorbild vielen Designern nach ihr den Weg in die grüne Mode geebnet (siehe auch Kapitel 9). Auf der Insel gibt es heute eine Vielzahl ethisch korrekter und extravaganter Labels, wie sich auch 2008 wieder bei den »Ethical Awards« der renommierten Sonntagszeitung *Observer* zeigte. Unter den letzten drei, die sich um den ersten Preis in der Kategorie Mode bewarben, waren die Macher von From Somewhere, die sich auf Textilien aus Recyclingmaterial spezialisiert haben, Isobel Davies, eine Vegetarierin aus Yorkshire, die Schafe vor dem Schlachter rettete, deren Wolle wegen einiger schwarzer Punkte im Fell nicht für feine wollweiße Kleidung taugte, sowie das Surflabel Finisterre aus Cornwall, das unter anderem auf sauber verarbeitete Polyester-Jacken setzt und auch gewann.

Man muss offenbar ein Händchen dafür haben, Prominente für solche Events zu gewinnen. In der Jury saßen der

Schauspieler Colin Firth, Fotomodell Elle McPherson und Sängerin Natalie Imbruglia. Sie schafften es, dass die grüne Mode im wahrsten Sinne des Wortes zum »Gesprächs-Stoff« wurde und nicht mehr »Kauf mich!« schreien musste.

So etwas möchte ich auch in Deutschland sehen. Und vielleicht ein bisschen mehr »bonoeskes« Auftreten der Promis hierzulande. Warum trägt kein weiblicher deutscher Filmstar bei der Verleihung des Bundesfilmpreises oder gar beim Festival in Cannes mal eine Korsage aus Hanf oder Öko-Seide, und vielleicht gar die Bundeskanzlerin Öko-Design zur nächsten Opernpremiere? Das gibt es auch von deutschem Mode-Nachwuchs. Da könnte man mal zeigen, dass Deutschland nicht nur Öko-Primus beim Energiesparen oder Mülltrennen ist, sondern auch in Sachen grüner Couture gut aussieht. Nur für männliche Politiker und Promis sieht das Angebot zugegeben bislang eher dünn aus, es sei denn, sie müssen sich mal nicht an etwas strengere Dresscodes halten.

Vielleicht müssen die jungen Modemacher aber auch selber mutiger werden. Auf der Berliner Modemesse »Premium« erzählte mir Martin Höfeler, einer der beiden Gründer von den Armedangels, der berühmte Modedesigner Wolfgang Joop hätte ihnen eine Kooperation angeboten. Ich habe ihm vorgeschlagen, einen ethisch korrekten Anzug zu fertigen und dieses Modell dann Frank-Walter Steinmeier, Außenminister und designierter Kanzlerkandidat der SPD, anzudienen. Grüne Mode ist nämlich durchaus ein Exportprodukt, mit dem der Minister im Ausland glänzen könnte. Man kann sich fast vorstellen, wie der französische und der

italienische Außenminister, beide aus Ländern mit ausge-
prägtem Sinn für Mode, ihrem deutschen Kollegen dafür ein
feines Lob zollen.

In Österreich haben es die Designer des ersten ökofairen Modelabels Göttin des Glücks immerhin geschafft, das
olympische Team der Synchronschwimmerinnen in ihrer
Sommerkollektion ins kühle Nass tauchen zu lassen. Schau-
platz der Aktion war das Schwimmbad des Bundessportzen-
trums in Wien. Ein Freibad als Laufsteg – warum eigentlich
nicht?

Das alles lässt hoffen, dass sich ökologisch gefertigte und
fair gehandelte Mode weiter auf dem Vormarsch befindet.
Doch wo Licht ist, gibt es leider auch immer noch viel
Schatten. Es sind die dunklen Seiten der Textilbranche –
menschenunwürdige Arbeitsbedingungen in vielen Produktionsstätten sowie die Vergiftung der Umwelt mit einem ganzen Cocktail von Chemikalien. Auch darüber muss berichtet
werden.

Kennen Sie Summer Rayne Oakes?

Wer ist eigentlich das heißeste Öko-Model der Welt? Sicher Summer Rayne Oakes. Die Wahl ist einfach: Sie ist die einzige ihrer Art. Die 24-jährige Amerikanerin, die wie ein Pin-up aussieht, modelt nur für Firmen mit weißer Öko-Weste und präsentiert lieber Öko-Jeans als Haute Couture. Dabei hat ihr Öko-Fimmel wirklich Substanz. Oakes hat ein Studium der Umweltwissenschaften an der Rutgers University abgeschlossen und spricht geschliffen über bedrohte Biodiversität in den Rocky Mountains oder den Klimawandel. Dass sie im Internet gerne als »heiß« bezeichnet wird, was nichts mit Klimaerwärmung zu tun hat, stört sie nicht. »Wenn ich durch mein Aussehen Leute für die Umwelt interessieren kann, die sonst nicht interessiert wären, wo liegt das Problem?« Ihren Namen »Sommerregen«, den viele für erfunden halten, bekam sie von ihrer Mutter, die die Naturlyrik von Walt Whitman liebte. Schon als kleines Mädchen erforschte Summer Rayne Oakes die Natur. Besonders schwärmte sie für Insekten. Es heißt, ihren ersten Job als Unterwäsche-Model soll sie nur angenommen haben, weil sie Geld für ein neues Mikroskop brauchte. Als ihre Agentur allerdings begriff, dass ihr Öko-Engagement nicht so kurzlebig war wie die Empörung mancher Supermodels gegen das Tragen von Pelzen, war ihre Karriere vorerst zu Ende. Inzwischen steht sie wieder auf dem Laufsteg, ist aber längst charismatische Botschafterin für jede Art von ethischem, sozialem oder ökologisch korrektem Anliegen. Mal tritt sie gegen die Verschmutzung der Meere ein und säubert mit Aktivisten einen Strand, mal hält sie Vorträge. Sie hat ein Buch mit ökologischen Modetipps veröffentlicht *(Dress no evil)* und moderiert eine eigene TV-Sendung zum grünen Lifestyle.

Kapitel 4

Moderne Sklavenarbeit

Häufig sind es rechtlose Näherinnen und oft sogar Kinder, die für Hungerlöhne T-Shirts, Jacken und Hosen schneidern. Ausbeutung bis aufs letzte Hemd: Geschichten von modernen Sklaven wie Jasmine aus China. Wohin das Geld geht, wenn wir Klamotten kaufen. Warum Kontrollen so wenig ausrichten.

Das Elend beginnt schon auf dem Acker. 450 000 Kinder ziehen jedes Jahr auf Usbekistans Felder, um Baumwolle zu ernten. Nicht freiwillig, sondern vom autoritären Regime des zentralasiatischen Staates gezwungen, das zu diesem Zweck schlicht die Schulen schließt. Die Jüngsten sind gerade einmal sieben Jahre alt, wenn sie das erste Mal für bis zu drei Monate als kostengünstige Erntehelfer missbraucht werden. Je nach Alter pflücken die Kinder zur Erntezeit im Herbst zwischen zehn und 50 Kilo Baumwolle täglich, die sie in die um Hals und Hüften hängenden Tragetücher stopfen. Die Bezahlung ist mies: etwa drei Cent pro Kilogramm, manche werden gar nicht bezahlt. Erreichen die Kinder die vorgegeben Quoten nicht, werden sie bestraft oder mit Schulverweis bedroht. Bereits in den Sommerferien müssen viele von ihnen auf die Felder, um die empfindliche Baumwolle mit Pestiziden zu behandeln und um Unkraut zu jäten.

Anfang 2008 berichtete die britische Environmental Justice Foundation (EJF) über die staatlich verordnete Kinderarbeit. Usbekistan ist der zweitgrößte Exporteur von Baumwolle weltweit; der Verkauf des Rohstoffes sorgt für etwa 20 Prozent der Deviseneinnahmen des Landes. Präsident Karimov behauptet, die Kinder würden aus Patriotismus ackern. Bisher weigert er sich, die Kinderrechtskonvention der ILO, der Internationalen Arbeitsorganisation der UN, zu unterschreiben. Europa ist einer der größten Abnehmer usbekischer Baumwolle.

Aber auch die anderen großen Anbauländer setzen ohne Scham Kinder zur Arbeit auf den Feldern ein. Unermüdlich klären die Aktivisten der EJF deshalb darüber auf, wie viele Kinder für unsere Kleidung schuften, und empfehlen den Umstieg auf Biobaumwolle, wo die sozialen Standards vom Acker bis in den Schrank schärfer kontrolliert würden. Denn das Drama hört nicht auf dem Acker auf. Überall wo viel Handarbeit nötig ist, setzen Textilproduzenten auf Kinderarbeit. Nach Berichten des Hamburger Magazins *Stern* Anfang und Mitte 2007 verkauften die Firmen Heine (ein Tochterunternehmen des Versandhändlers Otto) und Esprit zehntausendfach Blusen und Tops, die von Kindern unter erbärmlichen Bedingungen in Indien mit Perlen bestickt wurden. Ausführlich schilderten die Kinder den Reportern, wie ihr modernes Sklavendasein aussieht. Wie sie von ihren Eltern verkauft, von Schleppern in Züge verfrachtet wurden und dann in Hinterhofklitschen in der boomenden indischen Metropole Neu-Delhi landeten, wo sie tagtäglich Hunderte winziger Perlen und Pailletten von Hand auf Kleidungsstücke nähen müssen – und das, obwohl Arbeit für Kinder unter 14 Jahren in Indien seit dem »Child Labour Act« von 1986 verboten ist. Die Kinder arbeiten für einen Bruchteil dessen, was ein ohnehin nicht gut entlohnter indischer Näher nach Hause bringen würde – wenn sie überhaupt bezahlt werden. Es wurden keine rechtlichen Schritte gegen die Darstellung des *Stern* bekannt. Vielmehr kündigten beide Markenfirmen an, sich um die Kinder zu kümmern und die Verträge mit den Lieferanten zu kündigen, die Kinder schuften ließen.

Kinderarbeit hat offenbar nicht unbedingt etwas mit Billigware zu tun. Auch die ganz Großen im internationalen Geschäft wurden erwischt, wie sie in dreckigen Löchern Ware produzieren ließen, die dann über Zwischenhändler in deutschen Läden landete. »Es gibt kaum einen Markennamen, den ich nicht irgendwo in einem Loch mit skandalösen Arbeitsbedingungen gefunden habe«, sagt Charles Kernaghan vom National Labor Committee (NLC), einer US-Organisation für Arbeiterrechte mit Sitz in New York, dessen akribische Recherchen solche Fälle publik machen. Europäische Labels seien nicht besser als amerikanische, so das NLC.

Haben diese Unternehmen sich nicht alle auf die Fahnen geschrieben, fair und ohne Ausbeutung zu produzieren? Im Falle von Versandhändler Otto sogar, Vorbild für die ganze

Branche zu sein? Tatsächlich müssen alle Vertragspartner der Textilfirmen seit über zehn Jahren einen Verhaltenskodex unterschreiben, in dem die Rechte der Beschäftigten festgeschrieben sind. Verboten sind Kinderarbeit, aber auch endlos lange Arbeitstage oder Löhne unter dem gesetzlichen Mindestniveau. Soziale Mindeststandards, sollte man denken, die doch zu kontrollieren sein müssten. Weit gefehlt. Für die Textilriesen arbeiten Tausende Fabriken rund um die Welt – produziert wird da, wo es am billigsten ist. Viele Lieferanten geben in Stoßzeiten, wenn es eilig und eng wird, die Aufträge an Subunternehmer weiter, die die Sachen dann in irgendwelchen Spelunken nähen lassen, wo Kinder arbeiten – ohne dass ihre direkten Auftraggeber davon wissen oder wissen wollen. Gerne ziehen sich die Auftraggeber aus den Industriestaaten darauf zurück, sie ließen sich die Einhaltung korrekter Arbeitsbedingungen schriftlich garantieren. Man gibt sich machtlos. Zu Recht spricht Charles Kernaghan von »organisierter Verantwortungslosigkeit«. Schließlich sind Unternehmen, wenn es um die Qualität ihrer Ware geht, sehr wohl in der Lage, jede Naht zu kontrollieren und jede Laufmasche gnadenlos zu monieren. Man wünscht sich auch bei der Sicherung von Arbeits- und Menschenrechten wenigstens ein Quäntchen solcher Entschlossenheit.

Tatsächlich gibt es Fortschritte, die die UN-Arbeitsorganisation ILO in ihren jährlichen Berichten über Kinderarbeit auch gerne feiert. Aber selbst wenn das Elend der Jüngsten gelindert ist, bleiben Massen von Jugendlichen, die mit gefälschten Ausweisen weit mehr arbeiten als erlaubt. Die

Ausgebeuteten selbst suchen nur selten Hilfe. Sie sind zwar völlig ausgelaugt, aber haben zugleich Angst, ihre Arbeit zu verlieren, mit der sie nicht selten Eltern und Geschwister durchbringen. Bevor sie ihre Geschichten erzählen – und der Ausbeutung Gesicht und Stimme geben –, arbeiten sie meist monatelang zehn und mehr Stunden am Tag, sieben Tage die Woche. Sie schlafen in Konfektionsbetrieben unter den Nähmaschinen und ruinieren ihre Gesundheit, weil sie in den Färbereien barfuß und knietief in giftiger Farbe stehen oder in Schuhfabriken ungeschützt ätzenden Kleberdämpfen ausgesetzt sind.

Praktisch rechtlose Arbeiter treffen die Mitarbeiter von Organisationen für Arbeitsrechte in vielen ärmeren Ländern an, in denen Kleidung hergestellt wird. Seit die Welthandelsorganisation (WTO) im Jahr 2004 das Ende des Multifaserabkommens verkündete und damit das Ende der Quoten, die ärmeren Ländern wie Bangladesch den Absatz nach Europa oder die USA garantierten, wanderte die meiste Arbeit in den ultimativen Billigstandort China ab, und die Berichte darüber, wie knochenhart es dort hinter den Kulissen zugeht, häuften sich.

So schildert der Dokumentarfilm »China Blue« von Micha X. Peled den Alltag in der chinesischen Textilfabrik Lifeng im südchinesischen Shaxi. Dort werden Jeans zu Spottpreisen für Markenfirmen produziert. Nächtelang müsse sie durcharbeiten, klagt die 17-jährige Jasmine, die überflüssige Fäden von den Jeans abschneidet. Monatelang habe sie aber kein Geld bekommen, der erste Lohn werde generell einbehalten, als Kaution, damit die Frauen nicht gleich wieder kündigen. Natürlich gibt es auch in der Textilfabrik einen Verhaltenskodex und sogar Kontrollen. Geprüft werden Arbeitszeiten, Löhne, Hygiene und Sicherheit. Sind die Notausgänge frei oder Feuerlöscher vorhanden? Wie ist der Abstand zwischen den Nähmaschinen, wie laut ist es? Unangemeldet kommen die Inspekteure allerdings nicht. Rechtzeitig vorher würden die Angestellten gedrängt, ein gutes Bild der Firma zu zeichnen. Filmemacher Peled lässt eine ehemalige Aufseherin zu Wort kommen, die von den Kontrollen in der Lifeng-Textilfabrik berichtet. »Der Chef gab uns Zettel, auf denen stand, was wir den Kontrolleuren sagen sollten. Die Inspektoren fragten uns, ob wir Pause machen durften, und wir mussten Ja sagen, aber wir durften nicht mal auf die Toilette gehen. Ich verdiente 300 Yuan, aber ich musste sagen, dass ich 800 verdiene. Das war Betrug.«

Peled betont, solche gefälschten Aussagen seien nicht das Werk einiger besonders skrupelloser Fabrikbesitzer, sondern gängige Praxis und letztendlich erzwungen durch Preisdruck und enge Zeitvorgaben der Auftraggeber im Westen. Tatsächlich gibt es wohl überdies auch zu wenige Firmen, die überhaupt solche sogenannten Audits durchführen können. Und zu viele Textilfirmen, die ihr soziales Gewissen allzu leicht beruhigen lassen.

»Andere Ergebnisse passen auch nicht zur Selbstherrlichkeit der Unternehmen, die inzwischen alle hochtrabende Nachhaltigkeitsreports veröffentlichen und sich loben, obwohl sie die Probleme nicht an der Wurzel packen«, sagt Berndt Hinzmann vom Aktionsbündnis Play Fair, das vor

Beginn der Olympischen Spiele in China die Geschäftspraktiken von Trainingskluft-Herstellern wie Nike, Puma oder
Adidas im Visier hatte. Play Fair, eine Initiative, zu der über
100 Organisationen gehören, schickt immer wieder Inter-
viewer los, die Arbeiterinnen und Arbeiter zu ihren Löhnen,
Erfahrungen und ihrem Arbeitsalltag befragen und ihnen zu-
sichern, dass sie anonym bleiben. Diese akribischen Recherchen setzen die Organisationen dann in schlagkräftige Kampagnen um und konfrontieren die entsprechenden Firmen
mit der bitteren Bilanz. So etwa Ende 2008 vor Läden von
Puma und Adidas in Berlin. Die Arbeitsbedingungen in ihren Fabriken seien seiner Ansicht nach »menschenverach-
tend«, erklärt Berndt Hinzmann, der solche Aktionen orga-
nisiert. Nüchtern schildert er, dass bei Firmen, die für große
Sportartikelhändler produzieren, sieben Tage pro Woche gearbeitet werde, und Hunderte von Überstunden gemacht
werden müssten. Gezahlt werde aber nur der gesetzliche
Mindestlohn, damit eine Familie zu ernähren sei nicht möglich. Wer sich gewerkschaftlich organisiere, werde entlassen.
»Wir arbeiten ohne Pause und haben ständig Angst, nicht
schnell genug zu sein«, sagt ein Arbeiter in dem vernichten-
den Report »Die Hürden überwinden«, den Play Fair im
April 2008 veröffentlichte. Wer die geforderten Stückzahlen
nicht einhalte, dem werde schon mal eine Stoppuhr ins Gesicht geworfen.

Denn wenn die Fabrik nicht pünktlich liefert, geht der
Abnehmer woandershin – sprich die Fabrik und die Menschen dort verlieren trotz extremer Anstrengungen ihre Arbeit. Scheinheilig nennt Johanna Fincke von der Christli-

chen Initiative Romero das Verhalten der Firmen. »Auf der einen Seite erlassen die großen Marken Verhaltenskodizes, in denen sie ihre Zulieferer auf dem Papier verpflichten, Überstunden zu begrenzen und Mindestlohn zu zahlen, und auf der anderen Seiten bekommen nur die Produzenten einen Vertrag, die am billigsten und schnellsten liefern.« Mit diesem Einkaufsverhalten würden die Kodizes, die es seit 15 Jahren gibt, zur Farce. Jahr für Jahr machen die Nichtregierungsorganisationen (NGO) Vorschläge, wie diese strukturellen Probleme anzupacken sind – Jahr für Jahr verhalten sich die Textilriesen ausweichend und reden allenfalls vage über neue Verpflichtungen.

Eindrucksvoll ist es deshalb, sich klarzumachen, wie exorbitant die Gewinnspannen der Textilfirmen sind und wie wenig bei den Beschäftigten davon hängen bleibt. Wer etwa in China im Akkord Sportschuhe zusammenklebt, verdient weniger als zwei US-Dollar am Tag. Wer aber im Laden in einer größeren Stadt in China ein paar Adidas-Laufschuhe kaufen will, muss dafür ein Monatseinkommen hinblättern. Adidas erzielte 2007 einen Gewinn von 1,1 Milliarden US-Dollar (vor Steuern) – im Vergleich zu 2004 ist das ein Anstieg um 68 Prozent.

Wenn die Löhne mager sind und die Preise der Markenware hoch, fragt man sich, was die Kleidung so teuer macht – außer der Gier der Unternehmen nach Profit. Die Kampagne für saubere Kleidung hat das an einer 100-Euro-Jeans einmal vorgerechnet: Die Lohnkosten liegen nur bei einem Euro, die Werbung verschlingt schon 25 Euro, aber satte 50 Euro – also die Hälfte – bleiben beim Handel hängen. Das ist übrigens bei Lebensmitteln vergleichbar – das meiste Geld verdienen die Discounter.

Mittlerweile klagen Textilproduzenten, dass ihnen die Importware aus China zu teuer geworden ist. Man spüre inzwischen »deutliche Preissteigerungen«, sagt beispielsweise der Versandhändler Otto im *Spiegel*; insbesondere gelte dies für Textilien. Die Begründung laute zwar, die Rohstoffpreise seien gestiegen – allerdings haben die weltweit angezogen. Tatsächlich ertragen die Chinesen selbst nicht mehr alle Bedingungen leise. Ein neues Arbeitsgesetz gewährt den Beschäftigten Unterstützung von oben. Der Kurs des Yuan steigt. Obendrein verteuerten strengere Umweltschutzauflagen aus Brüssel die Produktion von Waren, die in die EU importiert werden sollen.

Längst schauen sich die Importeure nach Alternativen um. »Die Karawane zieht weiter«, titelte der *Spiegel*. Wer seine Fertigungsstätten in China aufgibt, zieht etwa nach Indien, Bangladesch, Indonesien, Vietnam oder Kambodscha. Vielfach sind es dort Chinesen, die in diesen Ländern Fabriken auf- oder ausbauen. Beispiel Vietnam: Das kleine Land ist inzwischen das gelobte Land der Schuhindustrie, unzählige Industrieparks entstehen dort, und ein neues Kapitel in der Geschichte der Globalisierung beginnt.

Man fragt sich, wohin der Treck wohl danach zieht, um noch billiger und schneller und weiterhin ohne Rücksicht auf die Beschäftigten zu produzieren. Irgendwann – so scheint es – wird der Globus zu klein sein für die Textilindustrie. Je häufiger die Verbraucher dank Nichtregierungsorganisationen und Medien in die traurigen Gesichter von ausgebeuteten Frauen und Kindern sehen, desto weniger freuen sie sich über billige T-Shirts und Turnschuhe, hoffen Gewerkschafter wie Charles Kernaghan. Der rasante Zuwachs auf den Märkten für sozialverträglich hergestellte grüne Mode lässt hoffen. Aber es geht um mehr, als nur eine Nische mit vorbildlichem Arbeitsschutz zu schaffen, es geht darum, die Textilindustrie insgesamt zu einer Reform ihrer Geschäftspraktiken zu bewegen und damit entscheidend zu modernisieren. Vielleicht sind arbeitnehmerfreundliche Produktionsmethoden irgendwann die stärkste Waffe im Kampf gegen die Konkurrenz – dazu muss es aber entsprechende Labels geben, die den Fortschritt im Umgang mit den Arbeitskräften deutlich sichtbar und kommunizierbar machen. Wie das Sozialsiegel der Fair Wear Foundation (FWF), das zusammen mit der Kampagne für Saubere Kleidung entwickelt wurde (siehe Kapitel 11).

Doch dieses strikt kontrollierte Label ist ein reines Sozialsiegel und macht die Eingleisigkeit in der Diskussion um die Produktion von Kleidung nur allzu deutlich. Dabei gilt es zweigleisig zu fahren. Sicher, saubere Sachen heißt keine Kinderarbeit, faire Löhne, Gewerkschaftsfreiheit. Aber es erfordert auch eine umweltverträgliche Produktion, die dafür sorgt, dass unsere Kleidung nicht durch Bäder von Chemikalien gezogen wird, bevor wir sie anziehen.

Wer aber beispielsweise bei der Kampagne für Saubere Kleidung nach Vorschlägen zur Reform dieser traditionell schmutzigen Industrie fragt, stößt auf Schulterzucken. Das ist verständlich, denn die Menschen, die sich dort engagieren, haben ihre Wurzeln in der Gewerkschaftsbewegung.

Umgekehrt haben die Umweltschutzorganisationen das Thema Textilien und die Chemie, die darin steckt, bislang sträflich ignoriert. Dabei ist Kleidung erst wahrhaft »clean«, wenn sie sauber UND sozialverträglich hergestellt ist. Und dazu müssen beide Seiten der Medaille betrachtet werden. Im Prinzip gilt beim Chemikalieneinsatz dasselbe wie am Anfang dieses Kapitels beschrieben: Das Drama fängt auf dem Acker an.

Haken Sie nach!

»In den meisten Produktionsstätten der Bekleidungsindustrie in den Ländern des Südens werden internationale Rechte missachtet. Damit sich das ändert, hat sich vor zehn Jahren die Kampagne für Saubere Kleidung gegründet. Dank der Unterstützung von vielen Verbrauchern mussten sich Marken- und Bekleidungsfirmen bewegen, einige Verbesserungen wurden erreicht. Es wirkt, wenn Verbraucher beim Einkauf nachhaken, eine Protestpostkarte abschicken oder sich an Online-Protesten beteiligen. Sie haben ein Recht auf Transparenz und können neben der Qualität des Materials auch soziale Qualität und bessere Standards einfordern. Eine Forderung könnte sein, dass die Firmen sich beim Lohn in Zukunft nicht an den staatlichen Mindestlöhnen orientieren, sondern am Existenzminimum. Dann wäre Arbeit wirklich eine Möglichkeit, sich aus der Armut zu befreien. Der Trend geht in die andere Richtung: Selbst die niedrigen Mindestlöhne, die nicht zum Leben reichen, wurden von einigen Staaten in den vergangenen Jahren oft gesenkt, damit die Unternehmen nicht an andere Standorte weiterziehen. Und mehr geschuftet wird obendrein.
Übrigens müsste der Verbraucher bei höheren Löhnen nicht befürchten, dass die Ware hier viel teurer wird. Bei einem T-Shirt oder einer Jeans beträgt der Lohnanteil am Verkaufspreis meist zwischen 0,4 Prozent und 1 Prozent.«
Berndt Hinzmann, beim INKOTA-Netzwerk in Berlin zuständig für die Kampagne für Saubere Kleidung (mehr unter: www.inkota.de)

Kapitel 5

Gift auf dem Acker – Pestizide

Giftspritze auf dem Acker: Baumwolle – von Natur keine Spur. Pestizid-Tote: Die Weltgesundheitsorganisation schätzt, dass 20 000 Menschen jährlich an Vergiftungen durch Endosulfan und Co. sterben. Kann gentechnisch veränderte Baumwolle daran etwas ändern?

Es sind solche Familientragödien, die einen besonders betroffen machen. Wie etwa die Geschichte von Monsieur Issaka und seiner Familie, die im Dorf Nallou im Bezirk Nikki im westafrikanischen Benin lebten. Der Farmer hatte sein Baumwollfeld mit dem Insektengift Endosulfan gespritzt, und da morgens eine leichte Brise über den Acker geweht war, hatte sich der Sprühnebel nicht nur über seine bloßen Hände und Füße verteilt, sondern auch über Hemd und Hose. Nach seiner Rückkehr hatte Issaka seine Kleidung deshalb hoch oben auf dem Dach des Hauses verstaut. Seine vier Kinder sollten mit dem Ackergift nicht in Berührung kommen. Doch es kam anders. Da es nachts regnete, sog sich die Kleidung mit Wasser voll und entließ ihre giftige

Fracht tröpfchenweise in die Trinkwassergefäße, die unten vor dem Haus standen. Am nächsten Morgen schöpften die arglosen Eltern Wasser daraus, damit die Kinder trinken und sich waschen konnten. Einige Minuten später bekamen die Kinder Kopfschmerzen, ihnen wurde übel, Krämpfe in Armen und Beine schüttelten sie. Obwohl alle vier sofort ins Krankenhaus kamen und notärztlich behandelt wurden, starben sie am nächsten Tag infolge akuter Vergiftung.

Tatsächlich sind diese Spritzmittel so potente Killer, dass schon wenige Tropfen reichen, um einen Erwachsenen zu töten. Das ist nicht verwunderlich, denn gerade Insektizide sind eigens dafür entwickelt, lebenden Organismen – Käfern, Würmern oder Raupen – den Garaus zu machen, ihr Nervensystem lahmzulegen und ihre Fortpflanzung zu blockieren. Zwar zählen zu den Pestiziden – dem Sammelbegriff für alle Ackergifte – auch Spritzmittel gegen unerwünschte Kräuter (Herbizide) und verheerende Pilze (Fungizide), aber in ärmeren Ländern und vor allem bei Baumwolle spielen Insektizide mengenmäßig die wichtigste Rolle. Denn Baumwolle, die Naturfaser, aus der die Hälfte unserer Kleidung gemacht ist, scheint Käfer und Würmer magisch anzuziehen, besonders aber ihren ärgsten Feind, den Baumwollkapselwurm. Angesichts einer so empfindlichen Pflanze, die zugleich auch extrem durstig ist (siehe Seite 68), ist es eigentlich überraschend, dass wir überhaupt etwas zum Anziehen haben.

Unsere vollen Kleiderschränke verdanken wir einer stattlichen Ladung Chemie auf dem Acker. Fast ein Viertel aller Insektizide weltweit werden Jahr für Jahr allein auf Baumwollfelder gesprüht, obwohl die Pflanze nicht einmal drei Prozent der Weltanbaufläche einnimmt. Es gibt Schätzungen, nach denen auf jedem Hektar Baumwolle ein Kilogramm Spritzmittel landet – die Menge Baumwolle, die in einem T-Shirt steckt, verschlang also rund 150 Gramm Gift. Obendrein braucht Baumwolle sehr viel Mineraldünger, der die Böden letztlich auslaugt und mit einer Überdosis Nitrat anreichert. Kurz: Baumwolle ist eine der am aufwendigsten gepäppelten Kulturpflanzen der Welt. Von Natur fast keine Spur mehr.

Die Chemie-Attacke ist ein Mega-Geschäft: Multinationale Konzerne wie Syngenta oder Bayer und Co. verkaufen allein an Baumwollfarmer Agrargifte im Wert von zwei Milliarden US-Dollar jährlich. Zwei Drittel des Umsatzes werden mit Insektiziden wie Endosulfan erzielt. Das Mittel ist ein Topseller: Neun der zehn größten Anbauländer für Baumwolle setzen auf diese Organochlorverbindung, wenn es darum geht, ihre wertvollen grünen Zöglinge vor Insekten zu schützen. Die Weltgesundheitsorganisation (WHO) stuft Endosulfan als »moderat gefährlich« ein, in der EU ist es sogar verboten. Den höchsten Preis zahlt Westafrika, wo die meisten tödlichen Vergiftungen auf das Konto von Endosulfan gehen. Anfang 2008 verkündete die Regierung in Benin endlich ein Verbot der berüchtigten Substanz. Die Entscheidung bahnt den Weg für das Aus in ganz Westafrika, denn auch die Farmer in Mali, Burkina Faso oder der Elfenbeinküste nutzen Endosulfan. Zum Feiern ist es trotzdem zu früh, denn Benin und seine Nachbarn haben noch mehr als 1,6 Millionen Liter des Spritzmittels auf Lager – ein stattlicher Rest, der verteilt werden wird. In Indien, China und in den USA, den Giganten im Baumwollanbau, wird Endosulfan ohnehin weiter eingesetzt.

Mit dem Ersatzgift Tihan vom Bayer-Konzern wird allerdings der Teufel mit dem Beelzebub ausgetrieben. Tihan ist ein Kombi-Pack mit vier Wirkstoffen, das die Pestizidwächter bereits im Visier haben.

»Dass auch nichtchemische Alternativen zur Verfügung stehen, scheint niemanden zu interessieren«, klagt Alexandra Perschau vom Pestizid Aktions-Netzwerk (PAN) in Hamburg. PAN hat für Bauern einen englischsprachigen Ratgeber verfasst, in dem beschrieben wird, welche alternativen Anbauverfahren möglich sind, denn – so Perschau – in Entwicklungsländern bedeuten Pestizide immer »den Tod in kleinen Dosen«, weil ihre Anwendung »unakzeptable Risiken« in sich berge.

Wie kann das angehen? Gibt es nicht rigorose Auflagen für den sicheren und sorgsamen Umgang mit Ackergiften? Tatsächlich hat die UN-Welternährungsorganisation FAO einen Kodex erarbeitet, der Regeln für die sichere Verwendung von Pestiziden festschreibt. Aber für Baumwollfarmer, die zu 99 Prozent in ärmeren Ländern leben, sind diese Regeln nicht einzuhalten. So sind zwar Schutzkleidung und Handschuhe vorgeschrieben, aber entweder nicht erschwinglich oder überhaupt nicht zu bekommen. Sicherheitshinweise sind in fremden Sprachen abgefasst, selbst Piktogramme werden oft genug missdeutet.

Vor meiner ersten Reise nach Indien war ich davon überzeugt, dass die Händler der Mittel den Kleinbauern schon erklären würden, worauf bei der Anwendung zu achten ist. Mitten auf dem Land, im Bundesstaat Madhya Pradesh, im Baumwollgürtel Indiens stand ich also eines Morgens im Laden eines Pestizidhändlers und folgte wie etliche Kunden aufmerksam seinen Worten. Doch statt über die richtige Dosis des giftigen Spritzmittels aufzuklären oder gar auf den notwendigen Einsatz von Atemmasken und Handschuhen hinzuweisen, pries er in höchsten Tönen, wie erfolgreich der chemische Angriff auf Schädlinge wie den gefährlichen Baumwollkapselwurm sein würde, den ärgsten Feind der Baumwollpflanze. Und da die Bauern wussten, wie verletzlich ihre grünen Zöglinge sind, spiegelte sich auf ihren Gesichtern pure Anerkennung. Und das, obwohl auf den Kanistern gut sichtbar ein Totenkopf prangt, der die Gesundheitsgefahr symbolisiert.

Derart angeheizt spritzen die Bauern dann nicht nach den im Spritzkalender festgelegten Terminen, also rund sechs- bis achtmal pro Saison, sondern gerne bis zu 15-mal. Oft sind die auf den Rücken geschnallten Spritzmittelcontainer undicht, sodass die Giftflüssigkeit unkontrolliert austritt. Leere Kanister dienen noch als Wasserbehälter oder gar als Spielzeug für Kinder.

Kein industrialisiertes Land würde zulassen, dass mit solchen Giftstoffen so schludrig umgegangen wird. Dort herrscht im Gegenteil sogar oft übertriebene Vorsicht. In einem Einkaufszentrum, in dem ich Kleidung inspizierte, die mit solchen Ackergiften erkauft ist, landete in Minutenschnelle ein Warnschild »Ausrutschgefahr« neben mir auf dem Fußboden, weil sich nach einem Platzregen eine winzige Wasserlache gebildet hatte. Besonders perfide erscheint mir deshalb, mit welcher Chuzpe die Bremer Baumwollbörse im Deutschlandfunk erklärte, dass Käufer von Kleidung sich wegen der Pestizidanwendung nicht sorgen müssten. Gespritzt werde ja auf die noch geschlossene Baumwollkapsel, geerntet werde später aber das einem weißen Wattebausch ähnelnde und von Spritzgiften verschonte Innere. Pestizid-Rückstände auf der Kleidung seien also nicht zu befürchten. Das ist sowohl falsch als auch respektlos. Denn in heißen Ländern wie Indien und Pakistan wird laut Baumwollexperten sehr wohl auf die offene Kapsel gespritzt, weil auch daran die Schädlinge kleben. Und zweitens geht es nicht nur um die eigene Gesundheit, sondern auch um die derjenigen, die für uns ackern. In den Baumwollanbaunationen vergiften sich jährlich Hunderttausende durch Spritzmittel, immerhin 20 000 Menschen sterben daran. Schlechte Nachrichten für alle, die um die Umwelt besorgt sind, gibt es obendrein. Nebenbei vernichten Pestizide auch allerlei nützliches Getier und verseuchen Bäche und Seen.

Trotz dieser bitteren Bilanz sorgt die Bauern beim Kauf etwas anderes. Schon im Laden klopfen sie sich auf die Hosentasche, denn sie sind notorisch klamm und die Spritzmittel teuer. Viele sind hoch verschuldet, da sie auf Pump Saatgut, Dünger und Pestizide gekauft haben. Die Erlöse der Ernte fielen jedoch zu mager aus, um die Kredite samt zweistelliger Zinsen zurückzuzahlen, denn lange waren die Weltmarktpreise für Baumwolle im Keller. Das ändert sich erst jetzt. Die indische Regierung räumte vor kurzem ein, dass zehn Millionen Farmer in Armut und Schulden gefangen seien. Wer keinen Ausweg mehr sieht, trinkt Pestizide und bringt sich so um. Offiziellen Zahlen zufolge nahmen sich in Indien von 1997 bis 2005 mehr als 150 000 Farmer das Leben. Das entspricht einem Selbstmord alle 32 Minuten. Allein im Bundesstaat Maharashtra töten sich 4 000 Farmer jährlich – doppelt so viele wie zehn Jahre vorher.

Kein Wunder also, dass die Gentechnik ihren Siegeszug antreten konnte, denn sie verspricht den Verzicht auf teure Pestizide. Im Prinzip ist das richtig: Gentechnisch veränderte Baumwolle enthält einen eingebauten Insektenschutz und wehrt die Schädlinge sozusagen von selbst ab. Doch leider rechnete sich die Zaubersaat nur für die Hersteller, nicht für die Bauern. Denn das gentechnisch veränderte Saatgut ist etwa viermal teurer als konventionelles. Das lohnt nur, wenn die Ernten üppiger ausfallen und nicht gespritzt werden muss. Doch die Erfahrungen der vergangenen Jahre in China oder Indien zeigen, dass eben diese Vorteile nur von vorübergehender Natur sind. Nicht nur, dass die Erträge über die Jahre wieder sanken, auch andere Schädlinge wie Schmierlaus oder Stinkwanze tauchten auf, sodass der Chemiebedarf und damit die Kosten wieder anstiegen. Trotz des Optimismus, den die Genfirmen verbreiteten, ist die Genbaumwolle ein ökonomisches Desaster.

Die Konzerne geben sich davon unbeeindruckt und melden weiter den Siegeszug ihrer transgenen Baumwolle. Tatsächlich haben sie auch zu große Summen ausgegeben, um sich sang- und klanglos wieder von der Gentechnik zu trennen. Der 2008 vorgestellte Weltagrarbericht der UN bescheinigte den Designerpflanzen allerdings, dass sie keine Hilfe im Kampf gegen Hunger und Armut sein würden, und empfahl die Rückkehr zu traditionellen Anbaumethoden.

Als ökologisches Nonplusultra gilt der biologische Anbau. Doch da eine Umstellphase von drei Jahren nötig ist, bis sich die Böden erholt haben und entsprechende satte Mehreinnahmen für die giftfreie Biobaumwolle in die Taschen der Bauern fließen, geht derzeit der Trend in Richtung einer allerdings umstrittenen Zwischenlösung – insbesondere in Afrika, wo 20 Millionen Menschen vom Baumwollanbau leben.

So gründete der Hamburger Konzernchef Michael Otto 1995 die Aid by Trade Foundation – zu Deutsch: Entwicklungshilfe durch Handel. Die Stiftung unterstützt 150 000 Baumwollbauern in Sambia, Benin, Burkina Faso und Mosambik. Ihnen wird beigebracht, wie sie weniger Pestizide einsetzen und dennoch ihre Erträge steigern können. Parallel hat sich Otto mit anderen mächtigen Textilhändlern wie Peek&Cloppenburg, Tom Tailor und Tchibo zusammengetan, um die so produzierte Baumwolle auch zu verkaufen. Unter dem neuen Produktlabel »Cotton made in Africa« vertrieb etwa Tchibo im Frühjahr und Sommer 2008 entsprechende Kollektionen zunächst mit Yogakleidung, dann Röcke und Shirts. Auch im Katalog von Otto finden sich mehrere Seiten mit Textilien aus der in Afrika gezogenen Baumwolle.

Lautstark wurde die Werbetrommel gerührt und dabei möglicherweise billigend in Kauf genommen, dass die Kunden die Baumwolle fälschlich für Bioware halten. Giftfrei ist die Baumwolle aber eben nicht, es kommen nur weniger

Pestizide zum Einsatz als üblich, sodass man vielleicht sogar von einer Mogelpackung reden könnte. Dass solches Marketing zu Verwirrung führt, bestätigt ein Zitat aus dem Nachrichtenmagazin *Focus*: »Gemeinsam … mit der Welthungerhilfe und dem WWF Deutschland hat der Otto-Versand eine Kollektion hergestellt, die aus organischer Baumwolle von fair entlohnten Bauern aus dem schwarzen Kontinent gesponnen wurde«. Auch der gewöhnlich gut informierte Buchautor Fred Grimm schreibt in seinem Buch *Shopping hilft die Welt verbessern*, es handele sich um »exzellente und zertifizierte Biobaumwolle«.

Fast könnte man meinen, die Anbieter wollten die Verbraucher in die Irre führen und ihnen anstatt des Top-Standards einen Mindeststandard unterjubeln. Zumal, zumindest bei Otto, gleichzeitig das Angebot der vorbildlichen Öko-Linie Pure Wear im Hauptkatalog schrumpft. Und solange es kein weltweit einheitliches und ausreichend bekanntes Ökolabel für Textilien gibt, auf das die Kunden sich verlassen können, sind Missverständnisse nicht ausgeschlossen.

Das Schwesterprogramm, die »Better Cotton Initiative«, getragen von IKEA, Adidas und H&M, hat sich dagegen bewusst für ein leiseres Auftreten und gegen ein pompöses Label für die afrikanische Baumwolle entschieden, um die Kunden nicht zu verwirren.

Skeptische Beobachter sind erleichtert, zumindest ein wenig. Kritik an den Programmen will niemand öffentlich äußern. Konzerne wie Otto, die zweifellos ihre Meriten haben, oder der wohlmeinende Umweltverband WWF sind Schwergewichte, mit denen sich keiner gerne anlegt. Und natürlich ist jede Umstellung auf dem Acker ein Gewinn für die Bauern.

Nur: Die Armut der Bauern ließe sich wirksamer mit dem Biolandbau lindern, bei dem auf Pestizide gänzlich verzichtet und selbst gemachter Kompost statt sackweise Dünger auf die Felder gebracht wird – zumal die Preise für solchen Kunstdünger derzeit explodieren. Warum derart große Konzerne ihre stattlichen Gelder also nicht in den wahrhaft fortschrittlichen Ökolandbau stecken, ist schwer verständlich und sicher eine verpasste Chance. Ärgerlicher ist noch, dass in den Projekten auch Steuergelder stecken, denn beteiligt sind auch das deutsche Entwicklungshilfeministerium und die Gesellschaft für Technische Zusammenarbeit (GTZ).

Dabei gibt es ein Vorbild, dem sich nacheifern ließe. C&A, einer der mächtigsten Textilhändler in Europa und einstmals als eher hausbacken geschmäht, hat sich bewusst für den Einstieg in die Biobaumwolle entschieden. Zwei Millionen Menschen kaufen jeden Tag in den 1200 C&A-Textilhäusern ein. 1200 Tonnen indischer Baumwolle hat der Konzern 2007 verarbeiten lassen; im Jahr 2008 war es schon die sechsfache Menge. Daraus wurden 12,5 Millionen ökokorrekte Kleidungsstücke gefertigt, die zum selben Preis verkauft wurden wie ihre konventionellen Gegenstücke. Dass die Biobaumwolle also ein teures Nischenprodukt ist und allein die weniger pestizidgetränkte Baumwolle die rasant steigende Nachfrage von Textilhändlern sichern kann, ist deshalb ein Ammenmärchen, das die Kunden nicht glauben und deshalb lieber gleich die öko-optimierte Bioware kaufen sollten.

Ein Wermutstropfen bleibt aber, denn die Textilbranche konzentriert sich derzeit allzu sehr auf den Acker und die Faser, aus der zuerst die Garne und dann die Stoffe hergestellt werden. Das ist aber nur der allererste Schritt der Kleiderproduktion. Für einen Mantel etwa sind jetzt noch gut 20 Arbeitsgänge nötig, bis er auf der Stange hängt. Und bei dieser Verarbeitung – schönfärberisch Veredelung genannt – kommt eine Flut von Chemikalien ins Spiel, die Kleidung verwandelt sich im wahrsten Sinne des Wortes in »Reizwäsche«.

Wasser-Schluckspecht Baumwolle

Die UNEP, Umweltorganisation der Vereinten Nationen, nannte es eines der größten Umweltdesaster des 20. Jahrhunderts: das Austrocknen des Aral-Sees in Usbekistan. Einstmals einer der größten Binnenseen der Erde, schrumpfte der riesige See auf 15 Prozent seines ursprünglichen Volumens, weil sein Wasser auf den endlosen Baumwollplantagen Zentralasiens versickerte. Übrig blieb eine unfruchtbare Salzwüste. Mit dem Wasser schwand der Fisch. Einst beherbergte der See 24 heimische Fischarten, darunter den Stör, heute liegt die Fangflotte rostend am Strand.

Baumwolle ist unendlich durstig – jedes Kilo, das geerntet wird, hat bis zu 29 000 Liter Wasser geschluckt. Die Zahlen schwanken je nach Bewässerungsmethode. Während in Pakistan, Ägypten oder eben Zentralasien solche Spitzenwerte durchaus üblich sind, weil die Felder schlicht geflutet werden, braucht ein sparsamer und in Tröpfchenbewässerung geschulter israelischer Farmer nur 7 000 Liter Wasser, also nur ein Viertel der Menge.

So wundert es nicht, dass eine Jeans – je nachdem, wo die Baumwolle angebaut wurde – mit 3 500 bis 14 000 Liter Wasser zu Buche schlagen kann, ein T-Shirt hat zwischen 2 000 und 9 000 Liter Wasser verschlungen. Von dem Wasser, das später zum Färben nötig ist, ganz zu schweigen.

Nur in Westafrika und in großen Teilen Indiens reicht der Regen aus, mehr als die Hälfte der Baumwolle weltweit muss bewässert werden. Global gesehen verschlingt der Baumwollanbau genauso viel Wasser wie alle Privathaushalte der Welt zusammen.

Kapitel 6

Die grellbunte Gefahr

Chemikalienflut außer Kontrolle – zum Veredeln, Färben und Bedrucken von Kleidung werden Tausende von Stoffen eingesetzt, über deren Giftigkeit erschreckend wenig bekannt ist. Auf den Etiketten der Kleidung ist das nicht sichtbar.

Wer sich in die Listen von Chemikalien vertieft, die gebraucht werden, damit Kleidung nicht knittert, nicht einläuft, knallbunt wird, schön glänzt und vielleicht, wie Outdoor-Kluft, auch noch wind- und wasserdicht wird und nicht nach Schweiß riecht, verliert schnell die Übersicht. Selbst bei denen, die von Bekleidungsherstellern kein grünes Gewissen erwarten, lösen all die Formaldehydharze, aromatischen Amine, Trichlorbenzole oder Perfluoroctansäuren schnell Angstfantasien aus. Manches klingt eher nach chemischer Kriegführung denn nach Substanzen, die in unserer Kleidung stecken sollten. Riskieren wir unsere Gesundheit, wenn wir uns anziehen?

Wer zunächst nach nüchternen Zahlen fragt, also danach, wie viele Substanzen in der Textilindustrie eingesetzt werden, hat es schon schwer. Der Textilhilfsmittel-Katalog aus dem Jahr 2000 nennt 7300 Zubereitungen, die auf 600 Wirkstoffen beruhen. Die Farbstoffe werden extra erfasst. 1500 davon sollen insgesamt auf dem Markt sein, mengenmäßig bedeutsam sind 800 bis 900 Farben. Über einzelne Chemikalien und ihre Einsatzmengen liegen selbst den deutschen Bundesbehörden nur Daten »in äußerst begrenztem Umfang« vor. Die Rezepturen und exakten Angaben zu einzelnen Inhaltsstoffen halten die Hersteller geheim. Kurz gesagt: Den Behörden fehlen zuverlässige und aktuelle Informationen der Textilbranche über den Einsatz von potenziell gefährlichen Stoffen. Sehr vertrauenerweckend ist das nicht.

Ob eine Substanz für Umwelt und Gesundheit gefährlich ist, hängt zunächst von ihren Eigenschaften ab. Entscheidender aber ist das Ausmaß der Belastung. Bei Kleidung kommt es vor allem darauf an, in welcher Konzentration die Stoffe über die Haut aufgenommen werden bzw. ins Wasser und in die Luft gelangen. Über beides weiß man sehr wenig. Obendrein fehlen akzeptierte Modelle für toxikologische Tests, wie Experten auf einer Tagung zur Produktsicherheit des Bundesinstitutes für Risikobewertung im März 2008 einräumten. So gesehen birgt Kleidung – anders als beispielsweise Lebensmittel und Kosmetika – noch etliche dunkle Geheimnisse. Sie gilt als eine »black box«.

Sicher ist: Ein Drittel aller Chemikalien weltweit landet in der Kleidung – die meisten davon sind allerdings nie für den Hautkontakt vorgesehen gewesen. Seit Anfang der 90er Jahre sind immer wieder Stoffe auffällig geworden, etwa durch Tests von Umweltverbänden oder von Stiftung Warentest und Ökotest. Die bedenklichen Stoffe steckten auch in Waren namhafter Hersteller oder in Kleidungsstücken, bei denen besondere Vorsicht angebracht wäre, wie etwa Babytragetücher oder Kinderschlafanzüge. So fanden sich auf Schlafanzügen bunte Aufdrucke, die aus PVC und chlorierten Kunststoffen bestehen. Damit die Kinder nicht mit den harten, steifen Textilteilen auf ihren Schlafanzügen ins Bett gehen müssen, versetzten die Hersteller die Aufdrucke obendrein noch mit Weichmachern (Phthalate), sodass die Giftfracht weiter stieg.

Später wiesen Tester auch zinnorganische Verbindungen wie Tributylzinn (TBT) in Kinderregenjacken nach. TBT soll die feuchten Jacken vor Schimmelbildung schützen, gilt aber als Substanz, die das hormonelle Gleichgewicht des Körpers ins Wanken bringen kann. H&M, einer der überführten Hersteller, startete eine Rückrufaktion und zog die Jacken aus dem Verkehr.

Vermutlich ist das, was über die Risiken von Bekleidung ans Licht kommt, aber nur die Spitze des Eisbergs, und wir hangeln uns von Skandal zu Skandal, anstatt die Hersteller aufzufordern, ihr Arsenal schnellstens abzurüsten. Doch statt aufzuräumen legen die Hersteller noch nach, denn der Trend geht zu Technokleidung, die mehr kann als wärmen. Biozide wie Triclosan sollen in Sportkleidung verhindern, dass sich Schweißgeruch bildet, teflonähnliche Substanzen machen Outdoorkleidung atmungsaktiv und wetterfest. Der

Preis für den Zusatznutzen der smarten Kluft ist die Last an neuen Ausrüstungschemikalien. So bringt die Chlorchemikalie Triclosan, die im Anti-Mief-Kampf auf Kleidung Karriere macht, nachweislich die Hautflora aus dem Gleichgewicht. Und ist eigentlich überflüssig: Sportkleidung lässt sich auch lüften oder waschen und trocknen.

Immerhin haben Hersteller wie H&M, Adidas oder Levi's begonnen, freiwillig auf gefährliche Chemikalien zu verzichten. So können imageschädigende Rückrufaktionen vermieden werden. Die ellenlangen Listen firmieren unter dem sperrigen Namen Chemikalien-Restriktionslisten. Der schwedische Bekleidungsriese H&M verzichtet demnach unter anderem auf Organozinnverbindungen, bromierte Flammschutzmittel, Phthalate und über 20 Dispersionsfarbstoffe. Seit 2002 wird kein PVC mehr eingesetzt. Die Lieferanten von H&M sind vertraglich verpflichtet, sich an diese Auflagen zu halten, zehntausende Tests werden jedes Jahr von Prüflabors durchgeführt, um Betrügern auf die Schliche zu kommen. Die Alternativen, die von den Firmen angeboten werden, bedeuten keinen Kompromiss auf Kosten von Mode und Qualität. Auch die Absatzmärkte blieben stabil. Vermutlich werden viele Chemikalien ohnehin nur eingesetzt, um die Kleidung vor dem Verkauf besser aussehen zu lassen. Bei der ersten Wäsche verschwinden sie dann im Abwasser und der Verbraucher fühlt sich getäuscht. Wer hat nicht schon mal ein Kleidungsstück gekauft, was im Laden noch seine Fasson hatte und nach der ersten Wäsche wie ein schlaffer Sack dahing? Und das wird nicht alles nur harmlose Stärke sein, die das Outfit nach mehr aussehen lässt.

Die freiwilligen Selbstverpflichtungen von H&M und Co. reichen allerdings nicht aus. Stoffe, die Krebs erregen, das Erbgut schädigen oder die Fortpflanzung stören können, gehören gesetzlich verboten. Doch die Mühlen der Gesetzgebung mahlen langsam. Nur graduell kommt es zu Fortschritten für den Verbraucher. Seit 1996 verboten sind Azofarbstoffe, die in krebserzeugende aromatische Amine gespalten werden können. Für andere Stoffe, wie das Imprägniermittel Pentachlorphenol oder Formaldehyd, gibt es immerhin Auflagen. Beispiel Formaldehyd: Der krebserregende und allergieauslösende Baustein steckt in vielen Kunstharzen, die Kleidung am Einlaufen hindern und knitterfrei machen. Textilien, die mehr als 1,5 Gramm pro Kilogramm enthalten, müssen gekennzeichnet und mit einem Warnhinweis versehen werden. »Vor dem ersten Tragen waschen« klingt nicht besonders abschreckend, aber faktisch wirken solche Deklarationspflichten wie ein Verbot. Zu sensibel reagieren die Kunden auf Schadstoffe, lesen längst sehr akribisch die Etiketten, als dass die Hersteller nicht vermeiden wollten, ihre Kleidung mit der Nennung von potenziell gefährlichen Stoffen zu brandmarken.

Deshalb wäre eine verschärfte Textilkennzeichnung der ideale Hebel, um die Industrie zum Umsteigen auf weniger gefährliche Stoffe zu bewegen. Derzeit verlangt das laxe deutsche Textilkennzeichnungsgesetz lediglich Angaben über die verwendeten Fasern. Hilfs- und Farbstoffe werden schlicht unterschlagen. 100 Prozent Baumwolle ist auf dem Etikett zu lesen, was gut klingt, aber schlicht nicht korrekt ist. Denn die Faser macht oft nur bis zu 70 Prozent des Gewichtes aus, der Rest sind Bleichmittel, Aufheller, Weichmacher, Färbebeschleuniger und Flammschutzmittel. Doch von diesen Hilfsstoffen steht dort kein Wort.

Anders als bei Lebensmitteln und Kosmetika, wo längst ein schärferes Kennzeichnungsrecht gilt, werden die Käufer von Kleidung immer noch für dumm verkauft. Dabei muss man gelegentlich nur an neuen Sachen schnüffeln, um auf Chemikalien zu schließen. Oder entsetzt feststellen, dass die neuen Schuhe beim Barfußtragen abgefärbt haben. Es ist nicht einzusehen, warum für Kleidung und Kosmetika, die beide auf der Haut getragen werden, nicht dasselbe Recht gilt.

Seit 1999 gilt für Kosmetika eine europaweit einheitliche Deklarationspflicht. Alle Inhaltsstoffe müssen auf der Packung angegeben werden. Ziel war es, für den Käufer Transparenz darüber zu schaffen, mit welchen Stoffen er in Kontakt kommt. Am Anfang stehen die Stoffe, von denen das Produkt am meisten enthält. Die Stoffe, die weniger als ein Prozent des Produktes ausmachen, werden am Ende der Liste in ungeordneter Reihenfolge aufgeführt. Auch Farbstoffe werden zum Schluss gelistet. Was eine besondere Gefahr birgt, muss sogar namentlich und nicht nur mit einem mehrstelligen Zahlencode, wie sonst bei Farben üblich, genannt werden und überdies mit einem Warnhinweis versehen sein. Wem manche Namen fremd erscheinen, der kann sie auf entsprechenden Hilfeseiten im Internet oder in einem Kosmetikratgeber nachschlagen. Das klingt womöglich wie eine etwas oberlehrerhafte Handreichung und nur für Schlaue geeignet, hat aber etwas bewegt. Experten gehen davon aus, dass diese Offenlegungspflicht bei der Industrie zu einer sorgfältigeren Auswahl von Inhaltsstoffen geführt hat. Eine solche gläserne Kennzeichnung und einen derart erzieherischen Effekt wünsche ich mir auch bei Kleidung. »Go naked« heißt eine Kampagne in den USA, wo es darum geht, alle Zutaten eines Produktes offenzulegen. Warum nicht?

Gerade für Allergiker wären diese Informationen Gold wert, denn diese sensiblen Personen könnten bestimmte Stoffe durch bewussten Einkauf gezielt meiden.

Das gilt vor allem für Farbstoffe, die über Schweiß, Talg oder Reibung von der Faser gelöst werden und in den Körper gelangen können. Farbstoffe sind unter allen Chemikalien, die auf Kleidung landen, mengenmäßig am bedeutsamsten. Niemand geht gern in Sack und Asche, doch bunte Farben haben ihren Preis. Zunächst für das Ökosystem, denn allzu viele Färbereien weltweit arbeiten noch auf Steinzeitniveau und entlassen farbbelastete und schwermetallhaltige Abwässer einfach in die Umwelt. In China fanden Kontrolleure unlängst eine illegale Pipeline, die von einer Färberei unterirdisch in den nahe gelegenen Fluss führte. In China – so heißt es – könne man die Farben der Saison an der Farbe des Flusswassers ablesen. Der Zugang zu unbelastetem Trinkwasser ist dort wegen der boomenden Textilindustrie sehr viel schwieriger geworden. Das bedeutet aber nicht, dass in Entwicklungsländern per se der Umweltschutz mit Füßen getreten wird. In Indien etwa, und sicher ebenfalls in China, gibt es durchaus auch Hightech-Färbereien, in denen Färbebäder im Kreislauf geführt, also mehrfach wiederverwendet werden, und Abwässer geklärt werden.

Naheliegender für viele Kleiderkäufer ist aber die Frage, wie es um die Gesundheitsrisiken der vorhandenen Farbpalette steht und ob wir es nicht etwa zu bunt treiben. Tatsächlich sind gerade etliche Dispersionsfarbstoffe, die zum Färben von Kunstfasern wie Polyester und Polyamid dienen, gesundheitlich bedenklich. Beim Färben entsteht im Allgemeinen keine feste chemische Bindung mit der Stoffoberfläche, sodass die Farben relativ leicht durch Schweiß oder Abrieb freigesetzt werden und dann in die Haut eindringen können. Dass Dispersionsfarben Allergien auslösen, weiß man seit den 60er Jahren, als die ersten Strumpffarben-Allergien, später die Leggingsallergien, auftraten, wobei ausgebluteter Farbstoff zu juckendem und rotem Ausschlag führte. Inzwischen gelten rund zwanzig Dispersionsfarbstoffe als Allergene. Da sie nicht verboten sind, darf weiter mit ihnen gefärbt werden. Selbst wenn deutsche Hersteller freiwillig darauf verzichten sollten – über 90 Prozent unserer Kleidung werden importiert, sodass durchaus weiter Grund zur Sorge besteht.

Insgesamt lässt sich die Gesundheitsgefahr schwer einschätzen. Als das Freiburger Labor Hydrotox 280 synthetische Farbstoffe überprüfte, erwiesen sich 14 Stoffe als erbgutverändernd. Insgesamt schätzte Hydrotox im *Greenpeace Magazin*, dass zehn Prozent der gebräuchlichen Farbstoffe eigentlich »nicht in Verbrauchernähe« gehören, also auf den Index. Wer empfindlich ist, sollte gerade Kleidung, auf der als Pflegehinweis »Getrennt waschen« oder »Fade out« steht, meiden. Die Farbe auf dem gekennzeichneten Kleidungsstück ist offenbar nicht fest auf der Faser fixiert. Und bei Unterwäsche und T-Shirts, die direkt auf der Haut getragen werden, gilt es für Allergiker, ungefärbte Modelle zu bevorzugen. Besonders sensibel reagiert Kinderhaut. Kinderkleidung sollte man deshalb vor dem ersten Anziehen unbedingt waschen. Noch besser ist es, sie gleich secondhand zu kaufen. Das schont den Geldbeutel und die Haut des Kindes, denn die meisten Schadstoffe sind durch mehrmaliges Waschen beim Vorbesitzer schon ausgespült worden. Gerade gebrauchte Baby- und Kleinkinderkleidung findet sich recht einfach auf Flohmärkten oder lässt sich von Freundinnen leihen. Solche Tipps für den Kleiderkauf sollte man aber eigentlich nicht nötig haben. Es ist mehr als ärgerlich, dass gegenwärtig Risikochemikalien einzig und allein deshalb eingesetzt werden, weil es keine gesetzlichen Regelungen gibt und der Verkauf sich lohnt. Hier gilt es, Druck auf Politik und Textilwirtschaft auszuüben und zu erklären, dass Kleiderkäufer keine Versuchskaninchen sind und vorbeugender Verbraucherschutz auch hier eine Selbstverständlichkeit sein müsste.

Ein Hoffnungsschimmer bietet das neue EU-Chemikaliengesetz REACH. Im Zuge von REACH (siehe S. 81) werden sehr viele Substanzen – insgesamt 30 000 – auf den Prüfstand gestellt und müssen ihre Unbedenklichkeit beweisen. Die Textilindustrie schätzt, dass für ihren Bereich rund 3 000 Stoffe geprüft und zertifiziert werden müssen, produziert von rund 50 Unternehmen in Europa, meist in kleinen Mengen, das heißt unter 100 Tonnen pro Jahr. Welcher Anteil davon noch einer genaueren Bewertung und in späteren Jahren einer strengen Zulassungsprüfung unterworfen werden muss, ist noch fraglich. Schon jetzt überarbeiten große

Hersteller von Textilchemikalien wie Huntsman (früher Ciba), Dystar oder die deutsche BASF freiwillig ihre Produkte und suchen nach Rezepturen, die umweltfreundlicher sind, also etwa leichter abbaubar und weniger giftig für Gewässer und Fische. Es gibt somit offenbar Ersatz für viele riskante Chemikalien, und REACH führt auch im Textilbereich zu Innovation und sauberer Chemie.

Natürlich tut auch der Trend zur sauberen Mode ein Übriges. Die akkreditierten Kontrollstellen für Ökomode berichten, dass ihnen die Chemiehersteller die Türen einrennen, um etwa ihre öko-optimierten Farben zertifizieren zu lassen, damit die Hersteller von Ökomode sie einsetzen können. Nach Jahren, in denen der Umweltschutz sträflich ignoriert worden sei, fließe vonseiten der Industrie plötzlich Geld in die Erforschung umweltverträglicher Textilchemie, die auch den harten Standards der Naturtextilhersteller genüge. Auf einen Großteil der Chemie, die in konventioneller Kleidung steckt, verzichten die Macher von Ökomode aber ohnehin.

Öko-Visionäre wie der Chemiker Michael Braungart belächeln sowohl diese Ökomode-Nische als auch die Kontrollbemühungen der EU, die »reguliere, minimiere, optimiere und dann doch die meiste Chemie passieren lasse«, die Kleidung zu Sondermüll mache. Braungart, der lange Jahre für Greenpeace gearbeitet hat und auf Schornsteine »dreckiger Chemieklitschen« geklettert ist, wünscht sich ein grundsätzlicheres Umdenken, statt »nur das Falsche perfekter zu machen«. Auf einer Tagung der Öko-Textilbranche in London erklärte er den erstaunten Zuhörern, sie bewegten sich weiter auf dem Weg in die Hölle, allerdings sei der jetzt gepflastert mit guten Absichten. Braungart, der in Hamburg ein Umwelt-Beratungsinstitut leitet, schlägt vor, nur noch Dinge zu entwickeln, die kreislauffähig sind. Sein Cradle-to-cradle-Konzept (deutsch: »Von der Wiege zur Wiege«) sieht vor, dass alle Gebrauchsgüter – und dazu zählt auch Kleidung – am Ende ihres Lebens zu recyceln sein müssten. Alles andere sei gigantische Verschwendung.

Dahinter steckt ein Gedanke, der mir hervorragend gefällt: Die Produktion der Kleidung muss so sauber sein, dass auch der Abfall am Ende sauber ist und noch zu etwas taugt. Hinein dürfen also nur solche »Zutaten«, die sowohl unbedenklich für die Haut als auch für die Biosphäre sind, in die sie später entlassen werden. Kleidung – so Braungarts kühne These – dürfte nur aus Stoffen bestehen, die »essbar« seien – also gut verdaulich für Umwelt und Gesundheit. Zusammen mit einem Architekten hat er darüber ein Buch geschrieben, das in den USA ein Bestseller ist (in Deutschland unter dem Titel *Einfach intelligent produzieren* erschienen), und berät Weltkonzerne wie den Sportartikler Nike auf diesem Weg.

Die Fragen, wie weit seine Vision schon Realität ist und welche innovative Kluft ich heute schon tragen kann, hört Braungart weniger gerne. Mit dem deutschen T-Shirt-Fabrikanten Trigema aus Burladingen hat er das erste komplett kompostierbare T-Shirt erfunden, gefärbt mit dem ersten tiefen Schwarz, das man unbedenklich auf der Haut tragen könne. Die Farbe sei quasi essbar. Das klingt nach einem Gag, und viele Kunden von Kleidung interessiert sicher nicht als Erstes, ob das Shirt auch verrottet, erklärt sich aber aus dem Gedanken, jedes Produkt müsse kreislauffähig sein.

Ein Verkaufsschlager war das Shirt nicht, womöglich weil die Kunden gefürchtet haben, es verrotte schon auf der Haut und nicht erst auf dem Komposthaufen. Andererseits müssen wir uns als Käufer von Kleidung auch klarmachen, dass, anders als bei Lebensmitteln, unsere Verantwortung nicht beim Bezahlen an der Ladenkasse endet. Kleidung hat eine lange Gebrauchsphase, und wir müssen uns Gedanken darüber machen, was damit nach dem Tragen passiert. Das leuchtet offenbar zuerst Käufern von Outdoor-Kleidung ein, die als besonders naturverbunden gelten. Die Outdoor-Branche hat deshalb begonnen, ihre wind- und wasserdichten Jacken aus Kunstfasern so zu entwerfen, dass sie zu neuer Kleidung recycelt werden können, statt als Sondermüll zu enden. Und sie werben darum, dass ihre Kunden die ausgedienten Stücke nicht wegwerfen, sondern zurückgeben, was ein völlig neues Leitbild für den Gebrauch von Kleidung bedeutet.

Diese Rücknahme und das Recycling verbesserten quasi nebenbei die Energie- und damit die Klimabilanz ihres Sortimentes. Das lohnt sich, denn gerade die Klimabilanz wird vermehrt zum Kriterium, um die Güte von Kleidung zu bewerten. Das Etikett »klimaneutral« ist inzwischen ein Verkaufsschlager – nicht nur bei Flugreisen, sondern auch bei T-Shirts.

Was heißt REACH?

REACH ist die Abkürzung für »Registrierung, Evaluierung und Autorisierung von Chemikalien«. Der Name steht für ein Gesetz der Europäischen Union, das im Juni 2007 in Kraft getreten ist und den Umgang mit Chemikalien von Grund auf neu regelt. Rund 30 000 Chemikalien sollen streng geprüft und, wenn nötig, aus dem Verkehr gezogen werden. Der Startschuss fiel Mitte 2008, als die neue Chemikalien-Agentur in Helsinki ihre Arbeit aufnahm. Bis die Behörde alle Stoffe geprüft hat, werden rund elf Jahre vergehen. Experten gehen davon aus, dass REACH aber bereits zügiger viele Kenntnislücken über Stoffe, ihre Eigenschaften und ihre Einsatzgebiete schließen wird, weil die Hersteller spezielle Sicherheitsdaten liefern, potenzielle Risiken der Chemikalien beschreiben und Hinweise geben müssen, wie man sich davor schützen kann.

Sind Taschen und Schuhe aus Leder tragbar?

Das Sündenregister von Leder für Taschen und Schuhe ist lang. Das reicht von den Haltungsbedingungen der Tiere vorm Häuten über das Schwermetall Chrom zum Gerben bis zu den üblen Bedingungen, unter denen Arbeiter – auch Frauen und Kinder – in Gerbereien und Fabriken schuften.

Hierzulande gibt es kaum noch Gerbereien. Das Haltbarmachen der Tierhäute mit beißenden Chemikalien wurde in Billiglohnländer wie China und vor allem Indien verlagert. Beim chemischen Gerben kommen bis zu 200 Chemikalien zum Einsatz, darunter die Schwermetalle Arsen, Cadmium, Zink und eben Chrom. Alle Arbeitsprozesse beim Gerben bergen Gesundheitsrisiken: Frauen und Männer sortieren mit bloßen Händen in Salz eingelegte Felle, schaben die Häute, um sie von Tierhaaren zu befreien, und stehen oft stundenlang nahezu ungeschützt in giftiger Gerbbrühe. Um sich zu schützen, benutzen die Arbeiter Plastiktüten als Handschuhe und ausgediente Autoschläuche als Gummistiefel-Ersatz. Dennoch leiden sie unter Hautkrankheiten, entzündeten Augen, Asthma und ständiger Übelkeit. Nebenbei verseucht das Ledergewerbe die Umwelt, denn üblich ist, die Felder neben den Gerbereien aufzukaufen und zum Versickern der Abwässer zu nutzen. Kläranlagen sind Mangelware. Sauberes Trinkwasser ist in diesen Regionen, wo oft mehrere Hundert Gerbereien dicht an dicht liegen, eine Rarität, für die die Frauen stundenlang laufen müssen.

Die Zustände in den Gerbereien sind ein gut gehütetes Geheimnis der Abnehmer des Leders, zumeist Schuh- und Modehersteller aus reicheren Ländern.

Ein besonderes Problem ist das Chrom in Lederwaren. Zwar werden heute hauptsächlich Chrom III-Salze eingesetzt, die im Leder stabil gebunden sind, allerdings existiert noch eine zweite chemische Variante: Chrom VI oder Chromat genannt. Chromat ist ungleich giftiger als Chrom III, gilt als krebserregend und als potentes Kontaktallergen. Zudem dringt es leichter in die Haut ein. Experten schätzen, dass hierzulande etwa eine halbe Million Menschen allergisch auf diesen Stoff reagieren.

Enthält Leder Chromat, kann das mehrere Gründe haben: Entweder sind die Chrom III-Gerbstoffe mit Chromat verunreinigt oder es ist im Laufe der weiteren Fertigung durch Oxidation entstanden. Überschüssiges, nicht gebundenes Chromsalz, kann mitunter auch später

noch beim Tragen zu Chromat umgebaut werden. Es ist gut wasser-
löslich und wandert durch nasse Schuhe oder schwitzende Hände
auf die Haut. Socken oder Innenfutter bieten nur wenig Schutz.

Einen gesetzlichen Grenzwert für Chromat in Schuhen, Handschuhen
oder Kleidung aus Leder gibt es bislang nicht. Wer zu Ekzemen
neigt, sollte Leder auf der Haut meiden oder auf Lederwaren umsteigen, die pflanzlich gegerbt sind. Bei der pflanzlichen Gerbung
reifen die Tierhäute langsam und schonend in Gruben oder Fässern
in einer Lauge aus Pflanzenextrakten, Kastanien-, Eichen- und Fich-
tenrinde, der sogenannten »Lohe«. Der Reifeprozess dauert bis zu
zwölf Monate, also wesentlich länger als die heute übliche Chrom-
gerbung. Bis zu 250 Häute passen in ein Fass. Solche Schuhe gibt es
etwa bei den Händlern Deerberg oder ZHEF (Zeigt her eure Füße).
Für Tierschützer sind auch pflanzengegerbte Produkte keine Alternative. Garantiert lederfreie Schuhe und lederfreie »vegane« Taschen
bieten spezialisierte Hersteller an. Sie machen in puncto Optik und
Tragekomfort der guten alten Tierhaut durchaus Konkurrenz – sind
aber nicht gerade ein Schnäppchen.

Kapitel 7

Klimakiller Kleidung

Wie viel Kohlendioxid setzt eigentlich ein T-Shirt frei? In einer Zeit zunehmender globaler Klimaerwärmung wird die CO_2-Bilanz zur neuen Währung, um die Produkte zu beurteilen. Gibt es schon Kleidung, die klimaneutral hergestellt wird?

Im Moment dreht sich alles um den Klimaschutz. Ob man die Tagespresse aufschlägt oder im Buchladen steht – die Schlagzeilen oder Neuerscheinungen zum Klimawandel reißen nicht ab. Und auch die Debatte in der Umweltbewegung scheint nur noch um dieses Thema zu kreisen, der Klimawandel bestimmt die Kampagnen der großen Umweltverbände mehr als irgendein Thema zuvor.

Auffällig ist, wie sehr fast alle die Rettung des Weltklimas zur Privatsache erklären und die Politik aus der Verantwortung entlassen wird. Jeder Einzelne soll an seiner ganz persönlichen Energiewende arbeiten – durch ein verbrauchsärmeres Auto, einen anderen Stromanbieter oder einen effizienteren Kühlschrank. Ratgeber wie der *Klima-Knigge* oder *Einfach das Klima verändern – 50 kleine Ideen mit großer Wirkung* erklären uns, wie wir cool werden und welche energiesparenden Produkte es anzuschaffen gilt. Wer früher einen Kalorienzähler bei sich trug, hat heute eine CO_2-Tabelle in der Hosentasche.

Die Tipps der Klimaschützer durchdringen jeden Lebensbereich, und so ist es wenig verwunderlich, dass man sich fragt, wie bei den alltäglichen Treibhausgasemissionen wohl der Kleiderkonsum ins Gewicht fällt, und wie eigentlich ein T-Shirt dasteht.

Klar ist: Kleidung verursacht während des gesamten Produktionsprozesses vom Acker bis in den Schrank erhebliche Emissionen. Beim Anbau durch die Herstellung und das Ausbringen von Düngern und Pestiziden, bei der energieintensiven Veredelung, beim Transport per Flugzeug – ein T-Shirt fliegt rund 18 000 Kilometer um die Welt, bis es in deutschen Läden landet – und nicht zu vergessen in der Gebrauchsphase, sprich beim Waschen, Trocknen und Bügeln.

Allein bei der Herstellung schlägt ein Damen-T-Shirt mit fünf bis sieben Kilogramm CO_2 zu Buche, ein schwereres Herren-Shirt mit sieben bis neun Kilogramm des Treibhausgases. Im Prinzip gilt: Je mehr Rohmaterial benötigt wird, desto höher die CO_2-Emission. Große Größen und schwergewichtigere Kleidung wie Mäntel haben also einen entsprechend höheren Wert.

Zum Vergleich: Werden pro T-Shirt fünf Kilogramm CO_2 emittiert, so entspricht das der Menge, die bei einer Fahrt von 30 Kilometern mit einem Auto mittlerer Größe freigesetzt wird oder fünf Duschen mit einer Dauer von zehn Minuten oder einer Glühbirne von 60 Watt, die eine Woche lang leuchtet. Das mag als nicht allzu viel erscheinen, aber T-Shirts sind neben Hosen und Pullovern beim Kleiderkauf mengenmäßig am bedeutsamsten. Zahlen für Deutschland fehlen, eine Richtschnur mögen andere europäische Länder geben. Jeder Engländer zum Beispiel kauft acht T-Shirts pro Jahr.

Natürlich gibt es wichtigere Maßnahmen des Klimaschutzes als den Umstieg auf klimafreundlichere Kleidung – den Wechsel zu einem Ökostromanbieter etwa oder weniger zu fliegen –, aber gleichwohl ist es ein Baustein für jeden, der seinen CO_2-Fußabdruck verringern möchte. Und am liebsten wäre den umweltbewussten Kunden natürlich klimaneutrale Ware. Eine Befragung der Mainzer Johannes-Gutenberg-Universität unter 1 000 Verbrauchern ergab im April 2008, dass 90 Prozent gerne solche Produkte kaufen möchten. 44 Prozent der Befragten würden diejenigen Marken bevorzugen, die Maßnahmen zur Verringerung des CO_2-Ausstoßes ergriffen haben.

Klimaneutrale Produkte liegen also im Trend: Dazu zählen Flugticket und Skiurlaub, Blumen und Postpaket, aber auch das T-Shirt. Die Idee ist bestechend einfach: Die Menge an Treibhausgasen, die ein Produkt oder eine Dienstleistung verursacht, wird irgendwo anders eingespart und das dazu nötige Geld auf den Preis aufgeschlagen. Doch die Erfassung der verursachten Treibhausgase ist oft ungenau, und noch größer sind die Probleme beim Ausgleich, der sogenannten Kompensation.

Viele Fragen drängen sich dazu auf. Wer garantiert eigentlich, dass Projekte wie zum Beispiel die Wiederaufforstung in Südamerika oder eine neue Windkraftanlage in Indien auch funktionieren? Ist es fair, dass wir uns ein gutes Gewissen kaufen können? Und führt es wirklich zu einem CO_2-ärmeren Leben? Sicher nicht, aber wir kompensieren fleißig. Im Moment häufen sich die Medienberichte über Mauscheleien auf dem boomenden Markt der Einsparprojekte und Zertifikate. Fast jeder Zertifikat-Anbieter scheint fast alles anbieten und behaupten zu können, der Kauf verhelfe zur Klimaneutralität.

Was heißt das aber für die Produkte der Textilbranche? Nun: Gut ist, wenn die Branche sich anschickt, weniger Treibhausgase in die Atmosphäre zu blasen. Entscheidend wird allerdings sein, dass die Firmen sich nicht in der sogenannten Kompensation erschöpfen, sondern tatsächlich selbst real sparen. Das ist auch deshalb wichtig, weil für den Kunden solche Kompensationsprojekte schwer durchschaubar bleiben.

Die gute Nachricht ist, dass es bereits Pioniere gibt, die ihre Anstrengungen genau dahingehend entwickeln. Die Schweizer Firma Switcher etwa, als besonders verantwortungsbewusst bekannt, bietet seit 2007 eine Kollektion klimaneutraler Shirts, Hosen und Jacken an. Wie das geht? In Tirupur im Süden Indiens produzieren 18 Windräder für den Bedarf in der Spinnerei so viel saubere Elektrizität, dass die CO_2-Emission pro T-Shirt insgesamt um 30 Prozent reduziert wird. Da mehr Biobaumwolle eingesetzt wird, spart man den Einsatz energieintensiv hergestellter Dünger und Pestizide. Gerade Kunstdünger sind die größte Quelle für CO_2-Emissionen in der Landwirtschaft. Zusätzlich hat Switcher in Tirupur in ein System zum Wasser-Recycling investiert, sodass 95 Prozent des Wassers in der Färberei wiederverwendet werden können, auch der Salzeinsatz, der für das Färben nötig ist, wird durch Rückgewinnung um 92 Prozent reduziert. Und die Energie des Firmensitzes von Switcher in Lausanne wird von Sonnenkollektoren auf dem Dach geliefert. Doch diese Maßnahmen reichen nicht. Deshalb kompensiert Switcher derzeit noch einen Teil seiner Emissionen mit seiner Investition in Klimaschutzprojekte. Bis 2010 will das Vorzeigeunternehmen seine Emissionen weiter senken, vor allem durch die forcierte Verwendung erneuerbarer Energien. Detaillierte Informationen über die einzelnen Produkte kann der Kunde auf der Internet-Seite www.respect-inside.org abrufen.

Auch die COOP in der Schweiz bietet solche klimaneutrale Kleidung an und verkaufte in den Jahren 2007 und 2008 schon 80 000 CO_2-neutrale T-Shirts, deren Emissionen mit dem Bau von 150 Biogas-Anlagen in Indien ausgeglichen wurden. COOP wird von der Schweizer Remei AG beliefert, einem Pionier der grünen Mode, die zu 100 Prozent Kleidung aus Biobaumwolle fertigt.

Einen ähnlichen Weg geht die britisch-deutsche Textilfirma Continental Clothing, ein Anbieter von Promo-Kleidung für Werbezwecke, vor allem für Musiker. Die »Earth-Positive-Kollektion« mit T-Shirts, Polos und Sweatshirts aus Biobaumwolle wirbt damit, nicht nur sauber und sozialverträglich hergestellt zu sein, sondern darüber hinaus auch klimafreundlich. Man bekommt also nicht nur eine Klimabilanz präsentiert, sondern ein durch und durch grünes Produkt mit dem Extra »klimafreundlich« obendrauf, was dann wahrlich fortschrittlich ist. Alle Kleidungsstücke der Linie sind unter Nutzung erneuerbarer Energie aus Wind und Sonne hergestellt, sodass die CO_2-Emissionen um 89 Prozent gesenkt wurden und bei einem Männer-Shirt nur noch bei 671 Gramm liegen, statt über sechs Kilogramm bei konventioneller Fertigung. Ziel ist es, Ende 2008 ein Viertel der Gesamtproduktion nach diesem Standard herzustellen. Prominente Unterstützung hat die Kollektion bereits: Die Bands Linkin Park, The Cure und der Musiker Neil Young tragen die Shirts, um ihr Umweltbewusstsein zu demonstrieren, und verkaufen diese auf Tour auch an ihre Fans.

Klar ist, dass solche Angebote weiter boomen werden. Schon jetzt gibt es kaum eine Tagung der Textilindustrie, wo nicht auch jemand vom WWF oder einer ähnlichen Organisation über den CO_2-Ausstoß der Textilindustrie referiert und eine klimafreundliche Produktion anmahnt. Das ist gut.

Sicher fallen beim Kleiderkauf mehr Aspekte ins Gewicht als nur die Klimabilanz, aber es gibt beachtenswerte Synergien. Etwa wenn die Kunden – wie schon empfohlen – auf Kleidung aus Biobaumwolle umsteigen. Der Bioanbau, der auf Kunstdünger und Pestizide verzichtet, verheißt nicht nur weniger Chemie, sondern führt auch zu fruchtbareren und humusreicheren Böden. Diese Böden binden sehr viel überschüssigen Kohlenstoff aus der Atmosphäre und bremsen so den Klimawandel. Wenn ich also das Klima schützen will, leiste ich Entscheidendes mit dem Griff zu Kleidung aus Biobaumwolle.

Zusammengefasst heißt das auch: Treffe ich im Allgemeinen vernünftige Entscheidungen beim Kleiderkauf, so ist die Klimafreundlichkeit eine Begleiterscheinung, ein Gewinn obendrauf.

Obwohl hier bislang zumeist von der Herstellung der Kleidung gesprochen wurde, lohnt an dieser Stelle ein Blick auf die Gebrauchsphase von Kleidung – denn je nachdem, wie oft ein Stück gewaschen und gebügelt und wie es schließlich entsorgt wird – also auf der Deponie landet, verbrannt oder aber recycelt wird –, variiert der CO_2-Fußabdruck erheblich. Ein Baumwoll-Shirt, das durchschnittlich oft gewaschen, getrocknet und gebügelt wird, bevor man es ausrangiert, setzt während seines »Lebens« vier Kilogramm Kohlendioxid frei. Die Zahlen, wie oft ein T-Shirt insgesamt gewaschen wird, variieren allerdings. Manche Experten legen nur 25-mal zugrunde, andere bis zu 40-mal. Geht man davon aus, dass es einmal pro Woche gewaschen wird, übersteht ein T-Shirt also manchmal kaum länger als einen Sommer im Schrank und ist extrem kurzlebig.

Jede Wäsche weniger macht deshalb für die Klimabilanz schon einen bedeutenden Unterschied aus. Zudem spielt die Waschtemperatur eine Rolle, denn der meiste Strom wird durch das Aufheizen der Waschmaschine verbraucht – also runter mit den Temperaturen! Normal verschmutzte Wäsche wird bereits bei 30 Grad gut sauber. Die Wäsche zum Trocknen aufzuhängen, statt sie in den Trockner zu stecken, ist ohnehin ein Muss! Sogar die Unternehmen wissen das inzwischen. Der Textilriese C&A näht deshalb ein Etikett in die Kleidung, auf dem steht: Um etwas für das Klima zu tun, empfiehlt C&A, beim Waschen niedrigere Temperaturen zu verwenden und die Wäsche zum Trocknen aufzuhängen.

Ein schicker, neuer Modetrend hin zu krauser und knitterig getragener Kleidung könnte übrigens auch beim Klimaschutz helfen.

Und noch etwas: Hier gibt es einen auffälligen Unterschied zu den Kunstfasern, die pflegeleichter sind, weniger oft gewaschen werden und kaum gebügelt werden müssen. Bei Kunstfasern verschlingt tatsächlich die Produktion die meiste Energie.

Im Prinzip gilt: Je länger das Kleidungsstück getragen wird und je robuster und pflegeleichter es ist, desto besser – auch für das Klima.

Das ist durchaus auch ein Plädoyer für Teile, die weniger stylish und deshalb langlebiger sind und somit eher das Zeug zum Klassiker haben. Bei den oft erwähnten T-Shirts geht der Trend allerdings weg vom einfachen weißen Shirt, das durch Filmstars wie Marlon Brando oder James Dean berühmt wurde, die es eng anliegend trugen. Heute sind T-Shirts bunt, aufwendig bedruckt, gerne auch mit Botschaften versehen – kein Wunder also, dass sie kaum mehr als eine Saison im Schrank überstehen. Und entdeckt man im Kaufhaus mal ein betont schlichtes weißes Shirt, so ist es garantiert von Ralph Lauren oder einem ähnlichen Markensteller und deshalb kaum zu bezahlen.

Richtig waschen!

Waschen Sie Ihre Kleidung weniger häufig und bei niedrigeren Temperaturen. In den seltensten Fällen benötigen Sie heute das Kochwäsche-Programm. Auch auf Vorwäsche können Sie bei normal verschmutzer Wäsche verzichten. Mit den gängigen Waschmitteln reichen 30 bis 40 Grad für die meisten Wäschen. Der Stromverbrauch sinkt bei dieser Strategie um bis zu 80 Prozent. Und füllen Sie die Trommel immer ganz. Für Fortgeschrittene: Schließen Sie Ihre Waschmaschine an die Warmwasserleitung an. Ob Ihr Gerät dafür geeignet ist, erfahren Sie entweder aus der Gebrauchsanweisung oder vom Hersteller.

Trocknen Sie Ihre Wäsche auf der Leine, anstatt einen Wäschetrockner zu benutzen. Wäschetrockner sind Stromfresser. Sonne und Wind trocknen die Kleidung kostenlos und klimaneutral.

Insgesamt gilt: Wenn Sie diese Ratschläge beherzigen, können Sie die Klimabilanz Ihrer Kleidung eklatant verbessern, denn die Gebrauchsphase hat einen wesentlichen Einfluss auf die Emissionen.

Kapitel 8

Fallbeispiel Tchibo

Die Firma Tchibo – einer der großen Textilhändler in Deutschland – steht für mich stellvertretend für die Undurchsichtigkeit einer ganzen Branche, die sich bisher immer noch weigert preiszugeben, wie und wo sie ihre Kleidung produzieren lässt.

Ein Besuch bei Tchibo gilt im Allgemeinen als vollkommen harmlos. Es sei denn, man steht wie ich mit einem selbst gemalten Protestschild vor einer ihrer Filialen und verwickelt ihre Kunden in ein Gespräch darüber, ob all die Tchibo-Textilschnäppchen nur um den Preis von Hungerlöhnen zu haben sind.

Wer über Hungerlöhne, Kinderarbeit und die Verantwortung von großen Konzernen diskutieren will, hat nicht mehr als eine gute halbe Stunde, bis die Polizei kommt. Genauer gesagt: 37 Minuten.

So passierte es wenigstens mir, als ich Mitte Juni 2008 morgens um zehn Uhr vor der Hamburger Tchibo-Filiale am Rathausmarkt auftauchte, mit einem Schild in der Hand, auf dem die Aufforderung zu lesen war: »Fragen Sie mich nach meinem T-Shirt«. Das knallrote T-Shirt wiederum trug einen ungewöhnlichen Schriftzug: »Gefertigt für Hungerlöhne« stand darauf.

Tchibo rief die Polizei, und drei Hamburger Polizisten teilten mir bald darauf mit, der Kaffeeröster und Textileinzelhändler hätte kein Interesse an meiner Meinungsäußerung direkt vor seiner Filiale. Man bat mich zu gehen, ohne mich aber des Platzes zu verweisen. An einer Eskalation war ich nicht interessiert.

Ich hege kein spezielles Ressentiment gegen Tchibo. Der Großkonzern steht in meinen Augen nur für die Intransparenz der ganzen Branche, die nicht offenlegt, wie und wo sie produziert. Tchibo hatte diese Weigerung am Telefon allerdings damit begründet, dass die Kunden sich nicht dafür interessierten. So war ich angetreten, um zu zeigen, dass das nicht stimmt, und das hatte ich bereits erreicht. Denn bis die Polizei kam, hatte ich sehr viele Gespräche mit aufgeschlossenen Menschen geführt, die Interesse für mein Anliegen zeigten. Damit wir billig einkaufen könnten, hatte ich erklärt, drückten Branchenriesen wie Tchibo die Preise. Ihre Lieferanten in den ärmeren Ländern wiederum drückten die Löhne. Letztendlich seien die Näherinnen in den Textilfabriken die Leidtragenden. Und immer wieder seien es neben Frauen auch Kinder, die für wenige Cent pro Stunde schufteten. Hersteller wie Tchibo und Co. würden sich nach meinen Erfahrungen nur für billige Ware interessieren, nicht aber für die Bedingungen, unter denen sie hergestellt würde. Das wolle ich mit meiner Aktion anprangern. Viele

Kunden erklärten mir, sie würden sofort auf fair hergestellte Ware von anderen Firmen umschwenken, wenn sie denn leichter zu finden wäre. Lieber wäre ihnen aber, wenn es für Händler wie Tchibo selbstverständlich wäre, für die Produktion ihrer Ware niemanden auszubeuten. Genau das wäre mir auch lieber.

Bei Tchibo stieß meine Aktion naturgemäß auf wenig Begeisterung. Mit dem Protestbesuch endete aber letztendlich eine Geschichte, die kurioser nicht sein könnte. Durch einen Newsletter in meiner Mail wurde ich Anfang Juni auf ein Angebot von Tchibo aufmerksam. Für knapp 13 Euro konnte man sich bei dem Kaffeeröster ein T-Shirt individuell bedrucken lassen. Persönliche Botschaften auf Kleidung, das liegt im Trend. Früher trug man metallene Buttons, heute eben ein Shirt. Tchibo will am Geschäft teilhaben und gleichzeitig so richtig modern erscheinen.

Und das brachte mich auf eine Idee: Nach dem Vorbild des amerikanischen Studenten Jonah Peretti, der bei Nike Turnschuhe bestellte, orderte ich bei Tchibo zwei Shirts. Peretti hatte 2001 Turnschuhe mit dem Wort »Sweatshop« angefordert, was so viel wie Ausbeuterbetrieb heißt, weil unter Blut, Schweiß und Tränen geschuftet wird. Nike hatte die Lieferung damals wiederholt abgelehnt, worauf Peretti den Disput mit dem Konzern ins Internet stellte und damit berühmt wurde. Mehr noch: Dank der öffentlichen Debatte, die sich aufgrund seiner Aktion entspann, änderte Nike seine ausbeuterischen Praktiken, erhöhte die Löhne und stellte später die Liste mit all seinen Lieferanten ins Netz, um für die Kunden transparenter zu sein.

Ähnliches hatte ich im Sinn, als ich zwei Wunsch-Shirts orderte: »Tchibo-Shirts: Gefertigt für Hungerlöhne« sollte in weißer Schrift auf einem roten T-Shirt stehen, und »Dieses T-Shirt hat ein Kind für Tchibo genäht« in Weiß auf Schwarz. Ehrlich gesagt hatte ich nicht damit gerechnet, dass Tchibo drucken und liefern würde. Schließlich wirkt das ja wie ein Eingeständnis übler Produktionsbedingungen.

Dann aber passiert etwas für mich Unglaubliches: Ich bekomme eine Rechnung über 33,70 Euro und die feste Zusage, man werde liefern. Am 10. Juni werden beide Shirts geschickt, mit dem gewünschten Aufdruck. Da ich nicht nur dieses Buch schreibe, sondern seit April auch einen Blog zum Thema betreibe, schildere ich alle Ereignisse Tag für Tag im Internet. Auch die Telefon-Arie mit Tchibo, die jetzt beginnt.

Überrascht von der Lieferung rufe ich in der Pressestelle an und erkundige mich, ob das Unternehmen kein Problem mit den diffamierenden Produkten habe. Dort gibt man sich entspannt, geradezu amüsiert, und verweist mich an den Leiter der Abteilung für Unternehmensverantwortung. Der erfahrene Sozialrechtsexperte ärgert sich, dass hier wohl jemand geschlafen habe. Nie und nimmer hätte Tchibo diese T-Shirts herstellen dürfen. Er bietet mir an, die T-Shirts zurückzunehmen. Als Entschädigung soll es neben dem Kaufpreis auch ein Päckchen fair gehandelten Kaffee geben.

Das aber will ich nicht. Es geht mir nicht darum, dass es eine Lücke im Kontrollsystem des Unternehmens gegeben hat, sondern darum, wie und wo Tchibo seine Textilien produzieren lässt. Aus jahrelanger Recherche und dem Besuch

Das schwarze Abendkleid aus Seide von Inka Koffke beweist,
wie glamourös grüne Mode sein kann. Produziert wird in Deutschland
und nach höchsten ökologischen Standards.

Irre goldig sind die Shirts des Kölner Startups Armedangels. Der Engel mit den mächtig geschwungenen Flügeln ist ihr Markenzeichen.

Weitersagen! Wir sind Gesprächs-Stoff! Ein Muss in jedem Schrank!
Shirts der Goldjungen Martin Höfeler und Anton Jurina, dem Duo der Armedangels.

Das britische Schuhlabel Terra Plana setzt auf Recycling. Die Stoffeinsätze in den Schuhen stammen von einem ausgedienten indischen Sari.

Die Kreativen bei Terra Plana entwarfen vormals Schuhe für Bally und Prada – jetzt addieren sie Umweltschutz zum Design.

Die Biobaumwolle für den urbanen Look von Slowmo stammt vor allem aus der Türkei.
Bedruckt und genäht wird in Berlin. Experimentiert wird auch mit Naturfasern
wie Kapok, das besonders weich ist.

Verspielte Details ergänzen das ruhige Design von Slowmo, dem Label des jungen Berliner Geschwisterpaares Felicia und Melchior Moss. Wer braucht Mode aus Mailand?

Weit vorne in puncto Umwelt und Optik ist das dänische Luxuslabel Noir, dessen extravagante Outfits bereits auf vielen Schauen bejubelt wurden.

Ebenso von Kopf bis Fuß auf Öko eingestellt: Das Leder für die Schuhe des britischen Labels Terra Plana ist nicht chemisch, sondern pflanzlich gegerbt.

Lässige Mode für jeden Tag – das vereint das Berliner Label Slowmo (oben) und den niederländischen Streetwear-Spezialisten Kuyichi.

Mode mit politischer Botschaft, dafür steht die britische Designerin Katharine Hamnett. »Erlöse uns vom Bösen« prangert die Zustände in der konventionellen Textilindustrie an.

von Produktionsstätten in der Türkei und in Indien weiß ich, wie erbärmlich die Bedingungen dort sind. Dass aus den Lieferanten Tiefpreise herausgepresst werden und jede Saison neu über weitere Preissenkungen verhandelt wird. Und ich weiß, dass Tchibo laut der Kampagne für Saubere Kleidung allenfalls punktuell reagiert, wenn man auf Missstände hinweist.

Tchibo ist natürlich nicht alleine, was ich immer wieder betone. Das Unternehmen steht stellvertretend für eine Branche am Pranger, die sich um Umwelt- und Sozialstandards zu wenig kümmert und, was die Namen ihrer Lieferanten angeht, gerne mit Nebelkerzen wirft. Tchibo argumentiert dagegen, sie seien der falsche Adressat für die Aktion, denn sie setzten sich bei ihren Zulieferern für sehr hohe Umwelt- und Sozialstandards ein.

Also fordere ich, mir die Fabriken vor Ort selbst ansehen zu dürfen und unangemeldet in einer Produktionsstätte in Bangladesh, Pakistan oder China auftauchen zu dürfen, wenn denn die Arbeitsbedingungen so wunderbar seien. Das stößt nun wieder auf wenig Begeisterung bei Tchibo – wie und wo man produziere, will man mir nicht sagen. Tchibo bittet mich vielmehr, die T-Shirts nicht zu tragen und die Fotos aus dem Netz zu nehmen.

Und als es schließlich zum Disput darüber kommt, ob die Kunden sich eigentlich für das Thema interessieren oder nicht, statte ich Tchibo einen Besuch ab – am Tag ihrer Hauptversammlung.

Es stimmt: Tchibo hat seit einiger Zeit eine Abteilung für Unternehmensverantwortung. Genauer gesagt, seit das Unternehmen wegen seiner Sozialstandards in die Kritik geriet. Ende 2005 konfrontierte die Kampagne für Saubere Kleidung das Unternehmen mit Vorwürfen wegen eklatanter Arbeitsrechtsverletzungen, extrem langer Arbeitszeiten, zu niedrigen Löhnen und der Entlassung von Arbeiterinnen, weil die einer Gewerkschaft angehörten – Beispiel war die Firma Urmi Garments, die für Tchibo in Bangladesh arbeitete. Als Redakteurin des *Greenpeace Magazins* hatte ich darüber berichtet und mit der Kampagne für Saubere Kleidung gesprochen, die tatsächlich mit Aktionen und Protestpostkarten erreichte, dass Tchibo einlenkte und sich fortan auch mit Sozialstandards beschäftigte. Man entwarf einen Verhaltenskodex, stellte anerkannte Experten für Corporate Social Responsibility (zu Deutsch: Unternehmensverantwortung) ein und versuchte, sich verantwortungsvoller zu verhalten. In der Praxis habe sich aber dennoch bis heute nichts geändert, bestätigte die Kampagne für Saubere Kleidung, als *Spiegel online* im Zuge der Berichterstattung über meine Hamburger Aktion nachfragte. Noch immer verdienten die Arbeiterinnen den Mindestlohn, der zwischen 18 bis 24 Euro im Monat liege. Davon kann in Bangladesh niemand eine Familie ernähren. Allein für Miete, Strom und Lebensmittel sind zwischen 35 und 100 Euro nötig. Sie nähen jeden Tag unsere Kleider, aber ein neuer Sari ist für die Näherinnen kaum erschwinglich.

Tchibo beruft sich gegenüber *Spiegel online* auf »systemische Grenzen« und darauf, dass sie machtlos seien, was mir später in ausführlicherer Prosa auch noch schriftlich mitgeteilt wird. Dabei hat ein Konzern wie Tchibo, der große Mengen Ware abnimmt, sehr wohl ökonomische Macht und kann Einfluss auf seine Produzenten nehmen. Das bestätigen alle Experten für Sozialrechte, die seit Jahren Textilfabriken in Billiglohnländern besuchen. Mehr noch ärgert mich, dass ich weiß, wie penibel die Hersteller einerseits die Qualität ihrer Ware kontrollieren, sich anderseits aber angeblich außerstande sehen, eine ordentliche Bezahlung der Produzenten sicherzustellen. Das ist nicht glaubhaft! Dazu muss man noch wissen, dass die Arbeitskosten am endgültigen Verkaufspreis der Ware nur ein Prozent ausmachen, während die Werbung einen Anteil von 25 Prozent verschlingt. Bei einem T-Shirt, das im Laden acht Euro kostet, sind das gerade mal acht Cent Lohn, aber zwei Euro für das Marketing. Trotzdem feilschen die Unternehmen um jeden Cent.

Meine Forderung, dass Tchibo, ähnlich wie die Sportartikler Nike und Adidas, die Namen seiner Zulieferer ins Netz stellen soll, weist das Unternehmen zurück. Da könne ja dann jeder kommen, um Räuber und Gendarm zu spielen. Immerhin: Wer hier der Räuber ist, scheint Tchibo zu wissen.

Ausgelöst durch Berichte auf *Spiegel online* und in der Hamburger Lokalpresse übernehmen immer mehr Medien die Geschichte. Auch die Blogosphäre reagiert. Über 50 Blogger verlinken auf die Artikelserie, darunter die Spitzenstars des Gewerbes wie Robert Basic von Basic Thinking. Sicher auch, weil es ungewöhnlich ist, dass eine Frau sich via den modernen Kommunikationskanal Blog derart weit aus dem Fenster wagt. Die meisten politischen Blogs werden von Männern geschrieben.

Meinen Blog klicken Mitte Juni 2008 täglich mehrere Tausend Menschen an, und die Kommentare häufen sich. Juristen und Medienwissenschaftler fangen an, über den Fall zu diskutieren, auch die Modebranche greift das Thema in Fachblättern auf. Innerhalb weniger Tage gibt es auch Tausende Google-Treffer.

Ich muss mich unter anderem rechtfertigen, warum ich diesen öffentlichkeitswirksamen Auftritt gewählt habe. Ich finde das bis heute nicht ehrenrührig. Im Gegenteil: Aus langer Erfahrung bei Greenpeace weiß ich, dass kaum ein Unternehmen in stiller Einkehr beschließt, sich zu bessern. Dafür braucht es öffentlichen Druck.

Erst am 1. Juli 2008 – fast zwei Wochen nach der Aktion – entschließt sich Tchibo zu einer öffentlichen Stellungnahme, die ich exklusiv auf dem Blog veröffentlichen darf. Auf zehn Seiten erklärt die Firma von oben herab, wie kompliziert die ganze Geschichte sei und der Konzern eigentlich machtlos. Man gibt zu, ein »Late Mover« zu sein. Das Unternehmen sei spät gestartet und hätte noch keine lange Tradition beim »ökologisch-sozialen« Optimieren seiner Geschäftstätigkeit. Erst öffentlicher Druck habe sie dazu veranlasst. Tchibo räumt ein, vieles liege im Argen. Die gesetzlichen Mindestlöhne in den Entwicklungsländern reichten nicht aus, um den Lebensunterhalt der Beschäftigten zu decken; Umwelt- und Sozialverantwortung spielten in den Verhandlungen zwischen Einkäufern der Unternehmen und den Lieferanten keine »regelhafte« Rolle. Klare Aussagen, bis wann sie die Missstände abstellen wollen, fehlen. Termine sowieso. Der ganze Brief schreit: »Vertraut uns!« Ich denke, die Erfahrung zeigt, dass es heißen muss: »Beweist es!«

Das wäre nicht zuletzt deshalb so wichtig, weil die Unternehmen gerade im Moment einem enormen Druck ausgesetzt sind. Die Kunden kaufen zwar immer mehr Kleidung, geben dafür aber weniger Geld aus als noch vor ein paar Jahren. Die Unternehmen versuchen dem zu begegnen, indem sie noch mehr absetzen, um ihre Gewinne zu sichern, und indem sie nicht mehr, sondern weniger an ihre Lieferanten zahlen, die von ihren Aufträgen abhängig sind. Zu Beginn meiner Recherche konnte ich mir nicht erklären, warum von Medien und kritischen Organisationen seit Jahren auf knochenharte Bedingungen in den Fabrikationsstätten hingewiesen wird und sich so wenig getan hat. In Wirklichkeit hat es sogar noch eine Abwärtsspirale gegeben, und den Arbeiterinnen geht es heute nicht besser, sondern schlechter.

So berichtet Sam Maher, Kleider-Aktivist der britischen Organisation Labour behind the Label Ende Juli 2008, dass die inzwischen im schnellen Turnus wechselnden Kollektionen in den Läden geradezu katastrophal für die Näherinnen seien, da sie unter immer höherem Zeitdruck fertigen müssten. Jedes Bemühen um bessere Arbeitsbedingungen sei damit zunichtegemacht worden. Außerdem hätten sie eher weniger in der Tasche als früher. Maher nennt das Beispiel Bangladesh. 2006 seien zum ersten Mal seit zwölf Jahren die Mindestlöhne erhöht worden, während die Lebenshaltungskosten über die Jahre kontinuierlich gestiegen seien, sodass der Lohn real betrachtet weniger wert sei als 1994. Und das war bevor die Nahrungsmittelpreise weltweit explodierten. In Bangladesh kündigten die Textilarbeiter Mitte 2008 an, in den Hungerstreik zu treten, würden ihre Löhne nicht so weit aufgestockt, dass sie wenigstens für das Nötigste reichten.

Das liegt auch in der Verantwortung von Firmen wie Tchibo, die mit Discountern wie Aldi, Lidl und Kik konkurrieren, und deren maßgebliches Interesse es sein dürfte, so billig wie möglich einzukaufen. Wenn Tchibo also um Vertrauen buhlt, dann gilt die alte Weisheit: »Vertrauen ist gut, Kontrolle ist besser«.

Aus Hintergrundgesprächen weiß ich, dass Tchibo anstrebt, sich auf wenige »strategische« Lieferanten in wenigen Ländern zu konzentrieren, die dann den Großteil der Aufträge bekommen. Ob sie diesen Weg nutzen werden, um intensivere Beziehungen aufzubauen und ihre Lieferanten auf dem Weg zu mehr Umwelt- und Sozialverantwortung zu begleiten oder um noch mehr drückende Abhängigkeiten zu schaffen und dadurch die Preise weiter nach unten zu treiben, wird sich zeigen. Tchibo hat angekündigt, in Zukunft auch einen Versuch mit höherpreisiger Kleidung aus Biobaumwolle wagen. Sollte der erfolgreich sein, ermutigt das die Verantwortlichen vielleicht, auch das restliche Sortiment auf sauber und sozialverträglich zu trimmen.

Ermutigend ist obendrein die Erfahrung, wie erfolgreich die als belanglos geschmähten Blogs doch politischen Druck aufbauen können und einen uneinsichtigen Handelsriesen aus der Reserve locken – und das mit einem geringen Budget und ohne einen gewaltigen Apparat im Rücken. Überdies eignen sie sich dazu, viele Menschen zu ermutigen, sich ähnlich wie bei meiner Aktion vor der Tchibo-Filiale auf einem Marktplatz einfach dazuzustellen und sich an der Debatte zu beteiligen.

Hätte ich nicht so eine gewaltige Wut über die gängige Praxis in der Textilindustrie im Bauch gehabt, hätte ich mich bestimmt nicht derart exponiert. Sicherheit gab mir, dass ich wusste, dass es auch anders geht und dass Kleidung sehr wohl sauber und sozialverträglich produziert werden kann. Und dass sie dabei noch gut aussieht und ihre Macher gerade die Läden und die Laufstege erobern. Zu Recht, wie ich finde.

Argumente – pro und contra

Zwei Wochen Tage nach der Aktion vom 19. Juni 2008 äußerte sich Tchibo erstmals öffentlich und schickte einen zehnseitigen Brief, mit dem die Sache aus ihrer Sicht »abschließend« behandelt, sprich: erledigt sein soll.

Hier Auszüge aus diesem Schreiben:
»…Unser Unternehmen hat noch keine lange Tradition in Bezug auf eine systematische ökologisch-soziale Optimierung seiner Geschäftstätigkeit. Der Kurswechsel hatte viele Gründe, wobei auch der Protest der Kampagne für Saubere Kleidung Mitte bis Ende 2005 wegen schlechter Arbeitsbedingungen bei Tchibo-Lieferanten in Bangladesh sensibilisiert hat …

… Wir haben seit 2006 durch viele Projekte feststellen müssen, dass sich bestimmte Arbeits- und Sozialstandards nicht auf breiter Basis durchsetzen lassen. Stattdessen bedarf es in diesen Fällen eines einheitlichen Vorgehens aller internationalen gesellschaftlichen Anspruchsteller …

… Transparenz in der Öffentlichkeit über Ernsthaftigkeit und Tiefe unserer Maßnahmen liegt auch in unserem Interesse …«

Und Auszüge aus der Blog-Antwort von Kirsten Brodde:
»… Zehn Seiten, um auf eine simple Forderung zu reagieren, die sich in drei Sätzen formulieren lässt und einfach ausgedrückt heißt: Sagt öffentlich, wo und wie ihr produziert. Zehn Seiten, die man nochmal und nochmal liest, bis man schließlich merkt, dass man hier von oben herab erklärt bekommt, wie kompliziert die ganze Sache ist und der Konzern eigentlich machtlos.

… Ich traue ihnen mehr zu. Tchibo ist groß, Tchibo nimmt hohe Mengen ab und wird zumindest zeitweise exklusiv in Fabriken produzieren. Sie behaupten tatsächlich, sie könnten ihre Zulieferer nicht zwingen, ordentlich zu zahlen? Sie setzen ihre Zulieferer sonst doch auch mit engen Fristen und niedrigen Preisen unter Druck, und bei den Löhnen haben sie plötzlich keinen Einfluss? Und Gesetze? Es braucht keine Gesetze, Leute ordentlich zu bezahlen. Sie machen es sich schlicht zu einfach, wenn sie ihre Verantwortung in einem diffusen Netz von Beteiligten versickern lassen. Ein bisschen Gesetz, ein bisschen Tchibo, ein bisschen Konsument – und am Schluss ist keiner verantwortlich und nichts geschehen. Dabei nehmen sie doch auch sonst penibel ihre Verantwortung wahr. Nämlich dann, wenn es um die Qualität ihrer Produkte geht. Dann kontrollieren sie plötzlich messerscharf und gucken nach jeder Laufmasche. Tun sie also nicht so, als seien sie tatsächlich machtlos…

… Und sie weigern sich, ihre Lieferanten öffentlich zu nennen, und wollen keinen gucken lassen, um ihre Geschäftsgeheimnisse zu schützen und »wettbewerbsrelevante Daten«? So ein Quatsch. Ihre Konkurrenten wissen längst genau, wo sie produzieren, sie sehen ihr TCM-Label in den Nähstraßen, und auch die Fabrikbesitzer reden freimütig darüber. Und was soll das mit dem Vertrauen? Der ganze Brief schreit: Vertraue mir. Ich denke immer noch: Vertrauen ist gut, Kontrolle ist besser …

… Auch deshalb hätte ich es besser gefunden, es fänden sich klare Aussagen, wann sie was erreicht haben wollen. In dem ganzen Brief nennen sie kein einziges Datum. Lapidar erklären sie, sie arbeiteten »unter Hochdruck«. Und das seit zweieinhalb Jahren. Die Kampagne für Saubere Kleidung bestätigte bei *Spiegel Online*, in der Praxis habe sich nichts getan – die konkreten Arbeitsbedingungen vor Ort hätten sich nicht verbessert …«

Der vollständige Brief und die vollständige Antwort lassen sich unter www.gruenemode.de in dem Blogeintrag »10 Seiten von Tchibo« nachlesen.

Kapitel 9

Die grüne Mode – wie sieht sie aus?

Der Kartoffelsack hat endgültig ausgedient. Grüne Mode ist schön und aufregend zugleich. Sinnliche Eindrücke von ergrünten »Fashion Weeks« in New York, Paris oder Berlin. Streifzüge durch Kataloge und Läden.

Die Zukunft der Mode beginnt gleich hinter dem Güterbahnhof auf dem Gelände eines ehemaligen Paketpostamtes in Berlin-Kreuzberg. Die hippe Modemesse »Premium« residiert in den alten Fabrikhallen, in die nur fahles Tageslicht fällt, dank Neonlicht aber alles in gebührendem Glanz erstrahlt. Die »Premium« ist ohnehin neu, aber seit 2007 bietet sie nochmals eine Innovation dazu. Als erste und einzige deutsche Modemesse organisierte man hier eine Green Area, in der sich die junge Szene der grünen Modelabels präsentieren kann. In einer einmaligen Leistungsschau beweist eine kleine und feine Gründeravantgarde, dass es auch anders geht. Für diese Designer und ihre Marken spielt sich Moral nicht mehr auf dem Niveau von Rocklängen ab, sondern ist selbstverständlicher Teil des Modemachens. Niemand hier will noch Kleidung herstellen, die Land und Leute ausbeutet. Gleichwohl will man aufregende und ausdrucksstarke Mode machen, die nichts mehr mit dem Birkenstock- und Batikimage zu tun hat, das dieser Mode früher anhing.

Dass beides geht, zeigt wie kein Zweiter der Designer und Chef des dänischen Luxuslabels Noir, Peter Ingwersen. Nomen est omen, hält er, ganz in Schwarz gekleidet, eine fulminante Rede. Vor zahlreichen Modeliebhabern spricht er über ökologischen Baumwollanbau in Uganda, über sein Label, über Ethik – und über Sex. Denn eigentlich ziehe man sich an, um sich wieder auszuziehen. »Leute ziehen sich modisch an, weil sie Sex wollen«, sagt Ingwersen provokant, niemand kaufe Mode, weil sie fair gehandelt oder Öko sei. Ethik und Sex, dies beides aber zugleich zu haben, sei in der Modewelt lange undenkbar gewesen – dank Pionieren wie ihm sei das jetzt endlich möglich. Neben ihm nickt der braun gebrannte und durchtrainierte Tony Tonnaer vom niederländischen Streetwear-Label Kuyichi zustimmend. Wie freudlose Missionare sehen diese Männer ohnehin nicht aus. Ingwersen und Tonnaer würden auch in einem Indiana-Jones-Film eine gute Figur machen. Bei beiden spürt man die Aufbruchstimmung der Branche, und wer anfangs noch fürchtete, man müsse in Sack und Asche herumlaufen, um beim Weltretten mitzumachen, stellt auf Modemessen wie der »Premium« endgültig fest: Nein, muss man nicht! Im Gegenteil: Noch nie war Ökomode so schön und so hinreißend. In vieles von dem, was in Berlin auf der Stange hängt, möchte man sofort hineinschlüpfen. In die zeitlos eleganten und hauchzarten Blusen, Jacken und Kleider von Noir oder in die bunten Kleider der deutschen Designerin Inka Koffke, die statt mit Drapierungen oder aufgestickten Perlen und Pailletten lieber durch ungewöhnliche Schnitte, gute Verarbeitung und 100 Prozent Biobaumwolle auffallen. Neben der Hot Couture hängt viel »leisure wear« – tragbare Kleidung für den Alltag, die den Geschmack vieler trifft. Dazu zählen etwa die schlichten und sportlichen Jacken von Misericordia aus Polyester, die Fair Fashion in Peru herstellen, oder die schmal geschnittenen Shirts des Kölner Startups Armedangels, die das deutsche Fairtrade-Label tragen. Deren goldene Himmelsbotin, nach der die Firma heißt, hat nicht nur eine wallende Mähne und mächtig geschwungene Flügel, sondern trägt auch Pfeil und Bogen, so als müsse sie das edle Motiv der beiden Firmengründer verteidigen.

Während auf der ersten »Premium« noch vieles im Angebot fehlte, wurde diese Lücke 2008 geschlossen. Endlich gab es ein Sortiment, mit dem man auch einen Laden bestücken konnte, wie Branchenkenner feststellten. Oder aus Kundensicht betrachtet – mit dem man von Kopf bis Fuß auf Öko eingestellt sein konnte. Zum Repertoire zählten Schals und Mützen aus Biowolle oder Taschen aus Hanf und Filz.

Daneben konnte man Schuhe, Taschen und Gürtel aus Leder bewundern, die aber statt mit dem Schwermetall Chrom pflanzlich gegerbt waren und damit weniger Chemie enthielten. Für Vertreter der ganz reinen Lehre, die gar keine Tierhäute tragen wollen, gab es vegane Sneakers aus fair gehandelter Biobaumwolle und Kautschuk. Oder Stiefel und hochhackige Pumps aus Leder-Imitat, die weder billig noch nach Gesundheitslatschen aussahen.

Gerade bei Taschen und Gürteln setzten viele Firmen, die umweltfreundlich up to date sein wollen, auf Recycling-Material. So gab es Gürtel aus alten Fahrradschläuchen oder Taschen aus ausgedienten LKW-Planen. Die Idee dabei: Aus Altem schafft man so etwas völlig Neues und spart gleichzeitig natürliche Ressourcen.

Deutlich zu spüren war der Wunsch, neben politischer Korrektheit auch Glanz und Glamour zu versprühen. So warb das britische Schuhlabel Beyond Skin damit, dass die Schauspielerin und Vegetarierin Natalie Portman ihre veganen Schuhe zur Verleihung des »Oscar« und des »Golden Globe« getragen hätte.

Natürlich bewegte viele Besucher die Frage, ob Öko nur ein kurzlebiger Trend ist oder aber eine große Zukunft hat, in die es zu investieren lohnt. Deshalb hatten die Messemacher die Wegbereiterin der Bewegung eingeladen, die in London lebende Designerin Katharine Hamnett. Schockiert durch einen Besuch auf Baumwollfarmen im afrikanischen Mali und dem dortigen Einsatz von Ackergiften, kehrte die Designerin bereits Mitte der 80er Jahre der konventionellen Modebranche den Rücken und verarbeitete nur noch Biobaumwolle, gründete Anbaukooperativen und zahlte fair. Seit zwanzig Jahren bekämpft sie unverändert engagiert die Missstände in der Modebranche und bringt innerhalb von Minuten Adrenalin in jede Situation. Und so klang auch ihre Rede. Es sei geradezu ein Muss, erklärte Hamnett. dass der grünen Mode die Zukunft gehöre, denn die Zustände auf den Baumwollfeldern der Welt seien ein Albtraum und die Bedingungen, unter denen gearbeitet werde, »unmenschlich«. Letztendlich klebe »Blut am Etikett« jedes konventionell hergestellten Kleidungsstückes. Sie schloss mit einer persönlichen Bilanz, die auch ein Appell an ihre Designerkollegen war. »Ich möchte meinen Lebensunterhalt als Modemacherin nicht auf der Basis von menschlichem Leid und Umweltzerstörung verdienen.«

»Sie sieht aus, als mache sie Karate«, raunte jemand im Saal. Tatsächlich sind es ihr Mut, ihre Moral und ihr Mitgefühl für diejenigen, die beim Kleidermachen knochenhart arbeiten, die sie auszeichnen. Auf manche wirkt sie deshalb wohl hart und wenig gelenkig. Im Gepäck hatte sie ihre eigene Kollektion mit lässigen und sportiven Slogan-Shirts, die schon in ihren Anfangszeiten echter Gesprächsstoff waren. Jetzt allerdings nicht nur in gedeckten Farben, sondern auch in kräftigem Rot. »Erlöse uns von dem Bösen« stand in dicken Lettern auf einem Shirt. Wer die gängigen Praktiken in der Modebranche kennt, fand das treffend, wenn auch etwas pathetisch. Auf einem anderen Shirt las man: »Free Burma«. Auch das verwundert nicht. Politische Aktionen gehören wie selbstverständlich zur Kleidung von Katharine Hamnett.

Die zahlreichen jungen Modemacher, die ihr zuhörten, halten die Zeit für reif, in ihre Fußstapfen zu treten. Nicht zuletzt, weil sie registriert haben, dass es immer mehr Kunden interessiert, wie und wo die Kleidung hergestellt wird.

Im Prinzip galt für den Nachwuchs, der hier in Berlin zu sehen war: Die Lust am Weltverbessern ist geblieben, neu ist das Frische und Lebenshungrige derjenigen, denen Katharine Hamnet den Weg geebnet hat. Obwohl etliche von ihnen sicher jeden Tag um ihr wirtschaftliches Überleben kämpfen, wirken sie wie eine bunte, fröhliche und lautstarke Kinderschar. Mit krakeliger grüner Schrift waren ihre Namen an die weiße Wand gemalt. Mit der arrivierten und erstarrten Szene, die sich in den anderen Hallen tummelte, hatten sie wenig gemein. Und so wurden sie auch von manchen Besuchern behandelt wie Modeschüler und nicht wie Designer, von denen man durchaus lernen könnte, wie Kleidermachen anders geht.

Einige erwachsen gewordene Kinder waren auf der dritten »Premium« im Sommer 2008 schon wieder aus der eigens eingerichteten grünen Zone ausgezogen. Die Modefirma Kuyichi etwa, die mit 10 000 Kleidungsstücken startete und 2008 bei mehr als 300 000 Jeans, Jacken und Shirts ist, hatte ihren riesigen Stand demonstrativ vorm Eingang der grünen Halle aufgebaut. Chef Tony Tonnaer, immer gut für eine Provokation, erklärte auf Nachfrage, drinnen sei es nach wie vor zu »wollsockig«. Er spielte darauf an, dass vielen beim Stichwort Ökomode immer noch Wollsocken einfallen, T-Shirts aus ungebleichter Baumwolle und pastellfarbene Leinenkleider, die locker einen Schwangerschaftsbauch kaschieren könnten. Vertraute Klischees, die sich hartnäckig halten, die aber für die jungen und schicken Modemacher von heute längst nicht mehr gelten. So gesehen war sein Urteil ungerecht. Umgekehrt betrachtet ist sein Weg der richtige. Wie selbstverständlich nimmt er seinen Platz in der Modewelt ein und treibt die behäbige

Branche vor sich her. Es drängt ihn aus der Nische, lieber wirkt er als Katalysator der gesamten Modebranche auf ihrem Weg zu einer saubereren und sozialverträglichen Produktion. Und bei diesem ambitionierten Programm schadet ein Super-Ego, wie Tony Tonnaer von Kuyichi es hat, sicher nicht.

Gleich mit ausgezogen ist sein Großhändler und Freund Christoph Dahn, der den Online-Shop GTB (Good true beautiful – zu Deutsch: gut, wahr, schön) in Freiburg betreibt und internationale Marken wie Kuyichi, Misericordia, Stewart&Brown oder die Schuhe von Terra Plana vertreibt (siehe Herstellerverzeichnis im Anhang). Auch er möchte nicht allzu erdig wirken. Dahn begeistert sich für futuristische Ideen, etwa dass Kleidung einen Chip enthält, eine Art Produktpass, auf dem die Geschichte der sauber hergestellten Sachen gespeichert ist. Wer damit vor dem Spiegel steht, kann den Chip aktivieren und sich eine Art Hologramm mit dieser Geschichte an die Wand projizieren lassen. Vielleicht können Kunden in Zukunft auch Informationen über die Kleidung via Handy abrufen. Solche Datenbanken, Productguides genannt, sind bereits im Aufbau, im Internet abrufbar oder eben sogar als SMS übers Handy zu empfangen. Deshalb ist es sicher vernünftig, dass Internetfreak Christoph Dahn in die Zukunft blickt und den Schulterschluss mit Chip-Herstellern sucht.

Tatsächlich sind die Kunden von grüner Mode oft technikbegeisterter, als manche Puristen sich vorstellen können. Nur, weil sie Kleidung tragen, in der anscheinend gelegentlich ein ganzes Obst- und Gemüsebeet steckt, heißt das nicht, dass sie naturtümelnde Romantiker sind, die jede Technik verschmähen.

Berlin gilt als innovativ, aber sicher nicht als Modemekka der Welt. Doch selbst bei den großen »Fashion Weeks« von New York, London (»Esthetica«) oder Paris (»So Ethic«) gehörten die Eco-Shows der Designer zu den heimlichen Höhepunkten. Stars lassen sich wie selbstverständlich dort sehen, und auch Luxusmagazine wie die *Vogue*, *Elle* oder *Harper's Bazaar* lichten die Kollektionen ab. Suzy Menkes, die einflussreichste Modekritikerin der Welt, jubelt: »Grün ist das neue Schwarz«, und verdeutlicht so, dass diese Kleidung inzwischen ein Muss ist. Und Schwarz wiederum ist wohl die Farbe, die am längsten in jedem Schrank hängt, was für die grüne Mode bedeutet, dass Menkes ihr zutraut, dass sie nicht nur ein Nanotrend ist, der schnell wieder verschwindet, sondern ein Megatrend, der bleiben wird.

Wie sehr die Revolution an Fahrt aufgenommen hat, lässt sich an der »FutureFashion«-Show im Vorfeld der New Yorker Modewoche Anfang 2008 ermessen. Auf Einladung der Umweltorganisation Earth Pledge zeigten 28 führende Designer, von Marken wie Givenchy, Versace und Burberry, wie extravagant die ökologisch-ethische Alternative aussehen kann. Richtungweisend war dabei auch, dass nicht nur mit anderen Naturfasern experimentiert wurde als mit Biobaumwolle, also etwa mit etwa Hanf oder Öko-Seide, sondern auch mit anderen Ideen, die der schnelllebigen Modewelt bisher eher fernlagen. Dazu gehört etwa das Recycling. So wurden Kaschmir-Teile auseinandergeschnitten und neu kombiniert, oder aus drei alten Hochzeitskleidern ein neues

Ballkleid gemacht. Derart feines Flickwerk hatte die verwöhnte New Yorker Modewelt bis dato nicht gesehen. Dass alte Kleider auch ein neues Leben haben können, rüttelt am gängigen Leitbild der Branche, deren Brot das täglich Neue ist. Allein das Wort »Secondhand« scheint da einen kollektiven Herzstillstand auszulösen, man spricht allenfalls von »Vintage« oder nennt das, was Designer in New York auf den Laufsteg schickten, »Thirdhand-Couture«, weil aus gebrauchter Luxus-Mode neue Designerstücke werden. Aber egal, mit viel pompöser Bedeutung und Wort-Klimbim die abgelegten Teile aufgeladen werden müssen, die Idee, Altem neues Leben einzuhauchen, ist cool, zeitgemäß und wegweisend (siehe auch Kapitel 16). Gesponsert wurde die Show, die jetzt jedes Jahr laufen soll, übrigens vom Traditionskaufhaus Barneys, deren Schaufenster die Modelle später auch zierten. Nachdem, was die Designer auf den Modenschauen der Welt zeigen, ist klar: Aus der Mitleidsecke ist die Ökomode heraus. Sie infiltriert den Mainstream und ist deshalb durchaus welterschütternd, wie das nächste Kapitel zeigen wird.

Das macht den alten Hasen der Ökomode-Branche richtig Dampf. Sie versuchen nicht nur, den Staub von ihren Kollektionen zu pusten, sondern werden geradezu schrill. So wie Hess Natur, Ökomode-Händler aus Butzbach in Hessen. Die vor über dreißig Jahren gegründete Firma ist ohne Zweifel der Altmeister der Wollsocke und bisher nicht bekannt für experimentelles Design.

Doch man ist offen für neue Ideen, will nicht nur mithalten, sondern als Versandhandel gleich noch den amerikani-

schen Markt erobern. Deshalb haben die bisher eher als bieder geltenden Butzbacher den avantgardistischen spani-
schen Modedesigner Miguel Adrover zum neuen Kreativdirektor ernannt und freuen sich dank dieser ungewöhnlichen
Kombination über beste internationale Presse. Mitte September 2008 konnte man in der Matthew Marks Gallery,
einer Kunstgalerie im New Yorker Stadtteil Chelsea, erstmals
sehen, was Miguel Adrover sich für Hess Natur ausgedacht
hat. Aus aufgeschütteter Erde wuchsen trockene Bäume her-
vor, die oben in einer Holzfigur ohne Gesicht endeten. Eine
dieser Gestalten trägt eine Art gehäkelten Body, laut Schild
Alpaka-Wolle aus Peru; daneben ist ein Entwurf mit einem
Tuch zu sehen, das vom Bauernhof von Adrovers Eltern
stammt, Oliven haben sie früher darin gesammelt. Der Designer selbst zeigt sich seinen Gästen als Öko-Mann mit einem großen grünen Blatt über dem Kopf. Im Hintergrund ist
das Rauschen von Wasserfällen und Vogelgeschrei zu hören,
akustisch ist man im Regenwald. Dass Adrover für seine Prä-
sentation auf der New Yorker Modewoche auf Models und
Laufsteg verzichtet, spricht für seinen Anspruch, Kunst und
Mode zu verbinden. Und dafür, dass es hier eher um die Idee
für eine Kollektion geht als um tragbare Kleidung, die jemand anziehen soll. Erde, Wasser und Luft – diese Natur-
elemente inspirierten ihn, sagt Adrover, und natürlich die
Pflanzen und Tiere, die Materialien wie Baumwolle, Wolle
oder auch Fell lieferten, mit denen er die Menschen einkleiden wolle.

Diese Naturverbundenheit ist es, der er die Zusammenarbeit mit Hess Natur verdankt. Die Modefirma steht seit ihrer

Gründung 1976 für ehrliche Ökomode, die nicht nur aus biologisch angebauten Naturfasern hergestellt wird, sondern auch das Wohlergehen der Menschen auf den Feldern, in den Textilfabriken und Nähereien berücksichtigt. Vor allem die Konsequenz, mit der dieses Programm verfolgt wird, ist in der Branche einzigartig und wahrlich vorbildlich. Hess Natur wiederum verdankt dem dürren Mann mit dem langen Zopf, der seine Baseballkappe grundsätzlich falsch herum trägt, den Beweis, dass die Firma mehr kreatives Potenzial hat, als bisher im Katalog zu sehen war.

Miguel Adrover steigt an diesem Tag wie Phönix aus der Asche. Der Designer war schon einmal ein gefeierter Star in der Modemetropole, scheiterte aber und kehrte zurück auf seine Heimatinsel Mallorca. 1991 war er nach New York gezogen, entwarf nach einem Zwischenspiel als Putzkraft T-Shirts, gründete ein Label und stellte eine Kollektion zusammen, welche die Modeszene und ihren Hang zum ewig Neuen konterkarierte und das Recycling feierte. So schneiderte er Kleider aus Louis-Vuitton-Jacken und nähte einen Mantel aus einer ausgedienten Matratze.

2001 wurde er mit seinen Entwürfen als »Bester neuer Modedesigner in New York« ausgezeichnet. Doch kurze Zeit später galt er bereits als islamischer Terrorist und stürzte so rasant ab, wie er aufgestiegen war: Als er am 9. September 2001 eine arabisch angehauchte Kollektion mit Kaftanen vorstellte, waren die Kritiker begeistert. Als zwei Tage später aber das World Trade Center einstürzte, galt jede Leidenschaft für das Multikulturelle als verdächtig. Als Sohn eines Muslims geriet er ins Fadenkreuz des FBI, und als auch noch sein Geldgeber pleiteging, kehrte Adrover den USA Ende 2004 den Rücken.

In einer Bar in Palma habe man sich getroffen, erklärt Wolf Lüdge, der Geschäftsführer von Hess Natur. Und Adrover, der Bauernsohn, der früh von der Schule abging, um seinen Eltern bei der Ernte zu helfen, fand Gefallen an der Idee, statt für Tommy Hilfiger für eine Öko-Firma zu arbeiten. Ihn überzeugte, dass die Firma eine »reine Seele« habe, wie er sagte, und statt unter miesen Bedingungen in Billiglohnländern mit hohen Sozialstandards produziere, was Respekt gegenüber anderen Menschen beweise.

Dass die Partnerschaft in New York für solche Furore sorgt, ist erstaunlich. Zugute kommt ihnen, dass Öko in den USA inzwischen einen gewissen Glamour hat, nicht zuletzt durch viele Stars, die ihr ökologisches Bewusstsein zur Schau stellen wollen. Vom ersten US-Katalog der Butzbacher wurden 50 000 Exemplare gedruckt. Interessieren sich nur ein paar Tausend Amerikaner für diese Mode, ist der Einstieg im Land der unbegrenzten Möglichkeiten gelungen und die deutsche Provinzfirma zum Global Player geworden.

Auch in den Läden des Unternehmens – erst in Hamburg, später auch in München – hängt die extravagante Kollektion. Die blaue Business-Jacke aus Schurwolle oder die weit geschnittene orientalische Reiterhose decken sich allerdings wenig mit dem, was den durchschnittlich 40-jährigen Kundinnen sonst so angeboten wird. Schon im Vorfeld gab es Ärger, als Adrover auf Models bestand, die man sonst als »wandelnde Gespenster« bezeichnet, weil sie bleistiftdünn sind. Die Kundinnen waren über deren kalte Anmutung entsetzt, das passe nicht zur Hess-Natur-Welt. Vom sündhaft teuren Lammfellmantel für 1 300 Euro gar nicht zu reden – da half es auch nicht, dass Lammfell kurzerhand zu einem der »ursprünglichsten Materialien« überhaupt erklärt wurde. Ob die Sachen sich also verkaufen werden, ist fraglich; sicher haben die Butzbacher aber gezeigt, wie viel künstlerisches Potenzial ihr Ökolabel hat. Tatsächlich schaffte es Hess Natur erstmals in die Hochglanzmagazine, selbst die *Vogue* – nicht gerade ein Vorreiter grüner Mode – druckte ein Interview mit dem Künstler und Designer Adrover. Plötzlich wird das Unternehmen öffentlich wahrgenommen und verhilft so der gesamten grünen Branche zu mehr Relevanz, auch international. Dank Hess Natur ist die grüne Mode »Made in Germany« bereits ein Exportprodukt und trägt zum guten Image des Landes bei. Als Weltmeister des Mülltrennens galt Deutschland ja schon lange, aber jetzt spielt es auch bei grüner Mode in der ersten Liga.

Inka Koffke – die Jil Sander der grünen Mode

Die schwarzen Abendkleider der Ingolstädter Designerin aus Öko-
seide sind so luxuriös und gleichzeitig so feminin, dass sie auch öko-
bewegten Stars wie Cate Blanchett oder Natalie Portman gefallen
könnten, die in Hollywood Glitz and Glam tragen müssen. Aber auch
ihre knallbunten Sommerkleider aus Biobaumwolle in leuchtend
grün oder gelb, die im Sommer 2009 zu haben sein werden, könnte
man glatt von der Stange reißen. »Kaum einer kann sich vorstellen,
dass man solche Optik auch mit ökologisch produzierten und gefärbten Stoffen erreichen kann«, sagt Koffke, die ihre Kollektion unter
dem Namen Organic Couture vermarktet, um bewusst in einer anderen Liga zu spielen als die vielen Streetwear-Labels, die sonst den
Markt der Ökomode bevölkern. Und um deutlich zu signalisieren,
dass ökologische Mode auch hochmodisch und schick sein kann.

Ihr kommt zugute, dass sie doppelt gerüstet ist, da sie eine Ausbil-
dung als Schneiderin und einen Abschluss als Designerin an der
Münchner Meisterschule für Mode hat. Sie weiß also sowohl, wie
man Maße nimmt, einen ordentlichen Saum macht oder einen Reißverschluss einnäht, als auch, welches verspielte Detail ein eben
noch simples Kleid in etwas Besonderes verwandelt. Daneben klingt
sie von Zeit zu Zeit wie eine Umweltaktivistin, etwa wenn sie eine
kurze fachliche Lektion über die »zig Tonnen von Schädlingsbekämp-
fungsmitteln« hält, die auf Baumwolläckern landen. Oder darüber,
dass ein schöner Glanz von Stoffen sich auch anders erzielen lässt
als mit einer Last von Chemikalien. Und dass ihre Kleidung auch
nach dem Kauf umweltfreundlich zu pflegen und zu waschen ist. Auf
Reinigen könne man verzichten. Die Lederträger an ihren Leinenklei-
dern beispielsweise sind abnehmbar.

Die 35-Jährige, die 2005 startete, meint es ernst. Für sie ist die grüne Mode keine Marketingmasche, sie folgt einer inneren Überzeugung. »Es war einfach ein innerer Drang«, sagt sie. Modedesign sei ihre Leidenschaft, aber nur etwas oberflächlich Schönes ohne jeden Tiefgang zu entwerfen, lag ihr fern. Koffke entwickelt sich ständig weiter. Sie experimentiert inzwischen mit Stoffgemischen, etwa aus Biobaumwolle und Biowolle, färbt Teile ihrer Herbstkollektion mit Pflanzenfarben und sucht Reißverschlüsse aus recyceltem Plastik, die möglichst auch das tausendste Öffnen und Schließen noch schadlos überstehen und lange halten. Immer noch eine Herausforderung ist es auch, kleinere Mengen Stoff zu bekommen, denn hohe Mindestabnahmemengen sind in der Branche gang und gäbe. Vor allem muss der Stoff auch erschwinglich sein, denn sonst steigt der Preis für die Kleider allzu sehr, was generell ein Problem junger Labels ist. Aus diesem Grund begrüßt Inka Koffke den Einstieg der Branchenriesen in den rasant wachsenden Markt. »Die Macht der Masse«, wie sie es nennt, ermöglicht es kleinen Designern wie ihr, sich an große Aufträge anzuhängen. Die Konkurrenz fürchtet sie nicht, da sie sich darüber freut, dass der Markt für grüne Mode wächst – so klug denken übrigens viele der kleineren grünen Modefirmen.

Jede Saison steckt Inka Koffke ihre kreative Energie in 25 Teile, die sie auch gerne mal in der Modestrecke der *Vogue* zeigen würde, um zu beweisen, dass Öko und Schick kein Widerspruch ist. Erst mit der Unterstützung solcher Modezeitschriften, so vermutet sie, erreichte sie Kundinnen in Nobelboutiquen. Mit den klassischen Ökosiegeln, die immer noch das kratzige Image eines Jutesacks versprühen, hadert sie ein bisschen und entschied sich deshalb für das wenig bekannte, aber coole Etikett »New Ethics«, das Unternehmen mit nachhaltiger Philosophie auszeichnet. Ihre Firma verpacke sie lieber luxuriös. »Das heißt nicht, dass ich nicht 100 Prozent sauber und sozialverträglich herstelle«, sagt sie, aber ein schickeres Etikett erzeuge eben eine andere Stimmung bei der Kundin. Auch ihr Showroom mit Stuckdecke und Lüstern spiegelt das wider. Diese Lust an der Opulenz verbindet sie mit dem Dänen Peter Ingwersen, der als einziger anderer Designer grüne Couture-Mode macht und damit international Aufsehen erregt. »Im Moment ist er der Klassenprimus«, sagt Koffke, aber sie bleibe dran, und ihre Stimme klingt kämpferisch. Beide eint übrigens eine zukunftsweisende Idee: sexy und elegante Mode für Männer. Denn die fehlt im Sortiment. Wer im Beruf einem strengeren Dresscode unterworfen ist, steht noch barfuß und nackt da.

Armedangels – wie Moral zu Mode passt

Es lohnt sich auf jeden Fall auch, die Kölner Jungs Martin Höfeler und Anton Jurina zu kennen: beide Mitte zwanzig, Könige der Streetwear und Shootingstars der jungen Branche. Bevor sie ein einziges Kleidungsstück auf den Markt brachten, hatten sie für ihre Idee der Social Fashion schon einen Gründerpreis in Höhe von 250 000 Euro gewonnen. Aber trotz ihrer Überzeugung, dass eine soziale Moderevolution nottut, wissen die beiden, dass die Leute nicht in den Laden gehen, um die Welt zu retten, sondern dass das Design zählt. Sie setzen auf klare Schnitte und coole Drucke. Ihr Markenzeichen, der mit Pfeil und Bogen bewaffnete Engel, nach dem ihre Firma Armedangels benannt ist, verkauft sich auf Shirts und in Gold besonders gut, vielleicht weil er ein bisschen wie ein weiblicher Robin Hood aussieht. Die Shirts des Startups sind – und das ist selten – doppelt gut, denn sie sind sowohl fair gehandelt als auch aus Biobaumwolle. Die Baumwollfarmer sollen von ihrer Arbeit in Würde leben können, für ihre Ernte wird ihnen ein Preis weit über dem mageren Weltmarktniveau garantiert. Die Biobaumwolle verspricht obendrein ein Plus für Umwelt und Gesundheit, denn sie ist nicht mit Dünger und Pestiziden gepäppelt. Geadelt sind die Shirts mit dem Fairtrade-Siegel, das in Deutschland weithin bekannt ist durch Produkte wie Bananen und Schokolade. Dass Fairtrade auch Textilien auszeichnet, ist vergleichsweise neu. Angebaut wird in Indien, gefertigt und bedruckt wird in Portugal.

Eigentlich hatten beide Goldjungs keine Ahnung von der Modebranche, als sie starteten. Sie haben sich während des BWL-Studiums in Köln kennengelernt und wollten ein Unternehmen mit hohen moralischen Prinzipien gründen. Da in der Textilindustrie Arbeits- und Menschenrechte nur eine spärliche Rolle spielen, schien ihnen eine soziale Modefirma eine gute Idee. Natürlich interessierten sie sich auch für Design und hatten keine Lust auf Schlabberlook, aber noch heute wirken sie etwas verloren auf den Modemessen.

Bisher wagen sie sich nur bei T-Shirts an neue Schnitte und neue Motive und verbessern dafür lieber ihre Ökobilanz bei den Druckfarben, die zwar auf Wasserbasis hergestellt sind, aber immer noch nicht so ungiftig, wie sie sein sollte. Wie angesagt die Firma ist, die noch im Souterrain eines Kölner Geschäftshauses sitzt, zeigen prominente Fürsprecher wie der Musiker Thomas D. von den Fantastischen Vier oder der Schauspieler Jürgen Vogel. Außerdem soll das Versandhaus Otto Interesse daran haben, T-Shirts von Armedangels ins Programm zu nehmen, und selbst die Firma Joop bot an, etwas gemeinsam zu machen. Rund 30 Euro kostet eines ihrer Shirts, locker das Dreifache von dem, was man bei H&M ausgibt, ist dafür aber mit gutem Gewissen zu tragen. Obendrein wird von jedem verkauften Teil ein Euro an eines von drei Hilfsprojekten gespendet. Man baut an einer Community, die man mit einem Blog oder einem Video bedient, um mehr Bindung an die Marke zu schaffen und an Zulauf zu gewinnen. In Ländern wie Großbritannien oder den USA brauche man das Prinzip von fairer Mode nicht mehr erklären, hier aber sei die Idee vergleichsweise neu, sagt Anton Jurina. Und die Szene der jungen Modemacher trifft sich abseits von Modemessen, um Erfahrungen auszutauschen. Allenfalls ein gutes Dutzend Firmen sind es bisher, und es steht zu hoffen, dass die Branche nicht im Bonsai-Format steckenbleibt und in Kreuzberger Hinterhöfen versackt. Denn um der Realität der Ramschläden etwas entgegenzusetzen, braucht es Wachstum.

Slowmo – abwechslungsreiche und zeitlose Ökomode

Wer ein Herz für zeitlose Mode hat, wird die Kollektion des Berliner Geschwisterpaares Felicia und Melchior Moss mögen. Slowmo, der Name ihres Labels, ist leicht zu merken und gibt ein Gefühl dafür, wie die Kleider sind, nämlich ruhig und beständig, sprich in slow motion. Felicia und Melchior, beide Mitte zwanzig, wissen, dass Kleidung, die nach wenigen Monaten ausgedient hat, per se nicht umweltverträglich sein kann. Deshalb besteht ihre Ökomode nicht bloß aus biologisch angebauten Fasern, sondern ist obendrein zeitlos und damit lange tragbar. Der Clou war auf der Berliner Modemesse »Premium« ein Kleid, das multifunktional ist und vielseitig tragbar. Je nachdem, wie herum man hereingeschlüpft, es oben schnürt oder unten gürtet, taugt es mal für die Straße, mal für eine Party oder gar einen Empfang. Es befriedigt die Lust an der Abwechslung und ist doch nur ein einziges Kleidungsstück. Treffend nannten die beiden Macher es »So and so«. Die Biobaumwolle dafür stammt aus der Türkei, dort wird auch gefärbt. Bedruckt und genäht wird dagegen in Berlin. Slowmo braucht den Einstieg der Branchenriesen wie H&M und Co. nicht zu fürchten, sie sind schneller und kreativer als andere. Felicia hat Modedesign studiert und einen Sinn für verspielte Details, die anderen Kollektionen fehlen. Derzeit träumen sie und ihr Bruder davon, ihr Angebot durch einen Regenmantel zu erweitern, aber noch gibt es keine Stoffe, die wasserfest sind und ihrem hohen ökologischen Standard entsprechen.

Kapitel 10

Der Markt – wo kann man grüne Mode kaufen?

Angenehme Überraschung: Was bisher nur mühsam über Internet und Versand zu bekommen war oder ein Nischendasein in Dritte-Welt-Läden fristete, hat die Shoppingmeilen der Städte erobert und ist durchaus erschwinglich.

Wenn es um Biobaumwolle geht, kennt C&A kein Pardon. Provozierend vollgepackt sind die Schaufenster der Kaufhauskette in der Hamburger Innenstadt. Überall prangt Bio Cotton in übergroßen Lettern. So heißt das firmeneigene Label, unter dem die Ökoware firmiert, und das bedeutet, dass die Ware zwar nicht ganz ohne Chemie auskommt, aber immerhin die Faser clean ist. Alles ist aus 100 Prozent Biobaumwolle. In einem Fenster hängt verführerische Wäsche, im nächsten sieht man Herren-Jeans, kombiniert mit Karohemd oder Streifen-Sweater, und im dritten warten Schals, Mützen und Handtaschen auf geneigte Blicke. Vom Design und von den Schnitten unterscheiden sich die Textilien durch nichts von herkömmlichen Kleidungsstücken. Vom einstigen Jutesack-Image keine Spur. Im Eingang stapelt sich rechts und links die ökokorrekte Ware, und von der Decke flattern so viele Werbebanner, als sei man hier auf einem Feldzug und wolle jetzt die Kleiderschränke der Großstädter im Alleingang auf Bio umstellen. Fast vergisst man, dass daneben durchaus noch Ware hängt, die nicht so eine weiße Weste hat.

Kein Zweifel: C&A wandelt sich mit Wucht vom Billigheimer zum Bio-Apostel und ist der Branchenriese, der sein Sortiment am weitestgehenden begrünt hat. Eingestiegen sind auch viele andere Dickschiffe, etwa der schwedische Bekleidungsriese H&M, der Versandhändler Otto, aber auch Jeanshersteller wie Levi's oder die Sportartikler Adidas und Nike. Sie haben erkannt, dass die Kunden die grüne Ware anziehend finden und deshalb die Ökologie auch in ihrer krisengeschüttelten Branche zum Motor der Ökonomie werden kann. Die Kunden freut es, denn was bisher nur mühsam über Internet und Versand zu bekommen war oder ein Nischendasein in Naturwarenläden fristete, hat so die Shoppingmeilen der Innenstädte erobert. Allerdings fahren viele der Großen einen Schlingerkurs und scheinen sich nicht recht entscheiden zu können, ob sie wirklich mit Verve einsteigen wollen. Eher noch unentschlossen bieten sie nur geringe Stückzahlen und wenige Modelle an. Levi's beispielsweise verkauft ein paar magere ökokorrekte Jeans aus Biobaumwolle, der Rest der Denims ist weiter aus konventioneller Baumwolle und wird wie üblich mit Chemie malträtiert, damit sie den gewünschten gebrauchten Look haben, mit ausgewaschenen hellen Knien oder künstlichen Sitzfalten. Auch Adidas hat zwar eine grüne Linie, die ist aber nur in speziellen Läden zu bekommen und schnell vergriffen. Auch Otto, als Konzern sehr früh und sehr ambitioniert eingestiegen, versteckt seine vorbildliche Bio-Kollektion Pure Wear noch immer eher schamhaft im Katalog. Die Werbung hält sich in Grenzen, denn wer allzu laut heraustrompetet, wie sauber die grüne Ware ist, riskiert offenbar, dass die Kunden sich zu viele Gedanken machen, wie wohl alles andere hergestellt ist.

Selbst H&M bleibt zögerlich. Dabei hatte der Modeschnelldreher durchaus Rock 'n' Roll in die Szene gebracht, als er im Frühjahr 2007 mit Hängekleidchen und Leggins in modischen Designs und Farben startete, die ebenso stylish waren wie das Gros, das die Firma anbietet. H&M ist zweifellos innovativ, was neue Materialien und neue Ideen angeht. Im Winter 2008/2009 gab es erstmals angesagte Tulpenröcke und Reiterhosen aus Recycling-Wolle und Jacken aus Recycling-Polyester. Das ist gut und zeugt davon, dass die Designer dem Puls der Zeit lauschen. Allerdings gilt dies nur für einen Bruchteil des gesamten Sortiments. Davon, dass diese Art der nachhaltigen Produktion zur Selbstverständlichkeit für einen wirklich großen Sortimentanteil wird, bleibt auch H&M noch weit entfernt.

So überrascht es umso mehr, dass ausgerechnet der als eher langweilig geschmähte Gigant C&A die Konkurrenz überholt. C&A – diese Abkürzung löste man früher mit Cheap&Awful (Billig und Scheußlich) auf. Ein Hauch von Vergangenheit wehte einen an, wenn man einen C&A-Einkaufstempel betrat, obendrein schien der Laden ein Mekka für Frauen mit Übergröße zu sein. Jetzt verkündet Phil Chamberlain, Einkaufsdirektor von C&A, man wolle 2008 über 7000 Tonnen Biobaumwolle zu 12,5 Millionen Öko-Kleidungsstücken verarbeiten, die zum selben Preis verkauft werden wie ihre konventionellen Pendants. Man kann bei C&A also seine Familie komplett auf Bio umstellen, ohne sich finanziell zu ruinieren. Eine Bio-Jeans für 19 Euro ist sonst nirgendwo zu haben. Wo sie hergestellt wurde, bleibt allerdings im Dunkeln.

Sein Engagement begleitet das Unternehmen mit einer groß angelegten Werbeoffensive. Die Ware geht weg wie warme Semmeln. Die Leistung von C&A ist nicht zu unterschätzen, denn das Unternehmen bietet sogenannte Einstiegspreislagen bei Bio-Kleidung. Und nur so lässt sich sicherstellen, dass die ökologische Alternative kein Luxus für die Besserverdienenden bleibt, sondern die breite Masse erreicht. Wenn die Ware teuer ist, besteht das Risiko, dass die steigenden Sprit- und Nahrungsmittelpreise den Ökogelüsten der Käufer den Garaus machen und die Großen dann wieder aussteigen. Sympathisch ist, dass sich die C&A-Kaufhäuser selbst keinen radikalen Relaunch verpasst haben, optisch ist alles so wie vorher. Hier glitzert nichts – ein gelackteres Auftreten überlässt C&A bereitwillig der Konkurrenz.

Eine große Sorge aber bleibt dennoch. Schon einmal ist Mitte der 90er Jahre eine Öko-Offensive gescheitert, weil die Resonanz der Kunden zu gering war und die Unternehmen keinen langen Atem bewiesen. Ob Britta Steilmann, Esprit oder H&M – alle stellten damals ihre Ökolinien wieder ein. Kann das erneut passieren?

Für die Bauern, die sich mühsam und über Jahre hinweg auf Bioanbau umgestellt haben, und für die Spinnereien, Webereien oder Färbereien, die ihr Angebot ökooptimiert haben, wäre das fatal. Erforderlich ist deshalb ein nachhaltiges Engagement. Ernsthaftigkeit tut bitter not! Und weil die Branchenriesen keine durch und durch grüne Philosophie haben, sind Vorbehalte wohl erlaubt. Aus dieser Sorge heraus bin ich selbst beim Einkaufen zu einer besonderen Geste übergegangen. Wann immer ich mit Familie oder Freundinnen im Schlepptau bei einer großen Kette für explosionsartige Verkäufe von grüner Mode gesorgt habe, forderte ich die Verkäuferin auf: »Melden Sie das der Zentrale!« Nicht dass einer dieser Obelixe wieder aussteigt!

Das Bild des dicken Helden aus dem Comic habe ich bewusst gewählt. Denn insgesamt bin ich fest davon überzeugt, dass der Markt beide Akteure braucht, die Großen und die Kleinen. Wirklich stark sind Asterix und Obelix nur zusammen. Dazu gehört auch, dass selbst Discounter wie Penny oder Plus Textilien aus Biobaumwolle anbieten, wenn auch meist nur Basics wie Unterwäsche, Socken und Shirts. Die landen dann beim Lebensmittelkauf quasi aus Versehen neben Brot und Milch im Einkaufskorb, ohne dass man extra loslaufen und diese Ware gezielt suchen musste. Gerade bei diesen Giganten ist allerdings das Misstrauen der Kunden immens groß. Natürlich ahnen die Käufer, dass diese Unternehmen eher Marketinggründe als innere Überzeugung treiben, und sie fragen sich, ob sie dieser Bioware wirklich trauen können oder aber einem Öko-Etikettenschwindel aufsitzen.

Dazu ist zunächst zu sagen, dass die Skepsis durchaus berechtigt ist, weil die großen Unternehmen dazu neigen, sich ein firmeneigenes Logo zu geben. Was verspricht Bio Cotton (C&A), was Organic Cotton (H&M), wie öko ist die Eco Levi's wirklich? Die Etiketten sagen doch meist nur, dass die Baumwolle aus biologischem Landbau ohne Einsatz von Pestiziden und Kunstdünger stammt. Manchmal erfährt man als Kunde immerhin noch, dass tatsächlich 100 Prozent Biobaumwolle im T-Shirt stecken und nicht nur ein geringer Prozentsatz. Aber von ausreichender Information kann keine Rede sein. Und ein staatliches Siegel, das die Einhaltung bestimmter Kriterien und eine regelmäßige Kontrolle verspricht, gibt es eben nicht. Der Einkauf von Bio-Lebensmitteln ist dagegen einfach, weil eines sicher ist: Wo das sechseckige EU-Biosiegel draufsteht, ist auch Bio drin. So etwas fehlt auf dem textilen Biomarkt in Deutschland, obwohl er rasch wächst.

In der Regel gilt, dass die großen Firmen zunächst und durchaus erfolgreich versucht haben, den Grundstoff der Kleidung, also die Faser, ökologisch zu optimieren. Sie sind auf Biobaumwolle umgestiegen, die auf giftfreien Äckern wurzelt. Das ist ein gewaltiger Fortschritt für Umwelt und Gesundheit (siehe Kapitel 12). Die Weiterverarbeitung der Kleidung wird jedoch meist weniger gut angepackt. So kann es passieren, dass ein Kleidungsstück aus Biobaumwolle dennoch nicht Natur pur ist, sondern auf dem Weg in den Schrank durch ein Bad von Chemikalien gezogen wurde.

Im strengen Sinne sind diese Textilien deshalb keine echten Naturtextilien, wohl aber auf dem richtigen Weg, und man kann sie bedenkenlos kaufen, denn für Biobaumwolle gibt es eine europäische Öko-Richtlinie, die es einzuhalten gilt, wenn man seine Ware als Bio verkaufen will. Und es gibt Organisationen, die darüber wachen, sowie unabhängige Institute, die Zertifikate vergeben. So ist C&A Partner der glaubwürdigen amerikanischen Organisation Organic Exchange, die inzwischen auch den Sprung nach Europa gewagt und einen Sitz in Amsterdam hat. Die Biobaumwolle von H&M wird von den Inspekteuren der Control Union, einem der größten Zertifizierer der Branche, bis aufs Feld zurückverfolgt. Nur leider sind diese Informationen auf dem Etikett nicht zu lesen und im Laden meist nicht zu erfragen; erst auf den firmeneigenen Internetseiten kann man sie finden.

Die gute Nachricht ist: Bisher sind keine Schummeleien aufgeflogen, was natürlich keine Garantie für die Zukunft ist, denn Biobaumwolle ist heiß begehrt und ein knappes Gut. Die Erntemenge schnellte von 6000 Tonnen in der Saison 2000/01 auf 57000 Tonnen in 2006/07 hoch. Gäbe es mehr davon, würde sicher auch noch mehr verkauft. Inzwischen helfen Firmen wie H&M den Bauern bei der langjährigen Umstellung auf Biolandwirtschaft, um ihren Nachschub zu sichern.

Gerade die Knappheit könnte misstrauisch stimmen, aber eines ist gewiss: Das Wertvollste, was die Branchenriesen zu verlieren haben, ist ihre Glaubwürdigkeit und ein gutes Image. Gebeutelt von Rückrufaktionen für Kleidung, in denen Schadstoffe steckten, bemühen sich die Großen, Produktion und Inhaltsstoffe gerade der Biokleidung hundertprozentig zu verfolgen und auf Nachfrage offenzulegen. Nur offensichtliche Verschlossenheit sollte einen also misstrauisch stimmen. Klar ist, der wachsende Markt braucht starke Aufpasser. Zu Recht monieren auch viele Kritiker, dass es bei den Firmen zwar einen Bioboom, aber keinen Ethikboom gibt. Um die Arbeitsbedingungen wird sich immer noch zu wenig gekümmert.

Wer den Großen grundsätzlich nicht traut, hat aber längst die Möglichkeit, auf kleinere Labels umzusteigen. Dafür gibt es inzwischen ein ziemlich breites Online-Shop-Angebot – sowohl von Firmen, die nach Deutschland liefern, als auch von einigen deutschen Pionieren (siehe Verzeichnis im Anhang). Wer einen realen Einkaufsbummel bevorzugt, kann die grüne Mode seit neuestem auch in Läden kaufen, die eine gänzlich grüne Philosophie auszeichnet. Solche Concept Stores, die sich auf grüne Ware spezialisiert haben, schießen wie Pilze aus dem Boden. Dazu zählen fairtragen aus Bremen, Iki M. in München, Fein in der Hamburger Marktstraße, Organicc in Frankfurt, die Grüne Wiese in Münster und vor allem die beiden Glore-Läden in Nürnberg und München. Sie setzen auf urbane Kunden, die nach dem Besonderen suchen, und sie sind »stilvolle Tempel der Nachhaltigkeit«, wie der *Spiegel* sie nannte, da sie ihre Ware präsentierten wie Preziosen. Ihre Gründer kennen etliche der Macher der Marken, die sie verkaufen, persönlich, und sie sind gleichzeitig deren beste Werbeträger, denn sie tragen ihre Sachen auch selbst. So wie beispielsweise Bernd Hausmann. Zunächst wollte der ehemalige Fußballprofi vom 1. FC Nürnberg und Ex-Sozialarbeiter nur einen Online-

Shop gründen, weil er neidisch beobachtet hatte, wie gut und einfach sich in London ökologische Mode einkaufen ließ. Doch als er in Nürnberg vor einem leerstehenden und günstigen Geschäftslokal stand, nahm er seinen Mut zusammen und machte zudem einen eigenen Laden auf. Glore – der Name steht für globally responsible fashion – läuft gut und ist bereits am Expandieren. Anfang 2008 eröffnete in München das zweite Glore-Geschäft. Anders als in Nürnberg zog Besitzerin Brigitte von Puttkamer in ein Szeneviertel, um der trendbewussten Kundschaft nahe zu sein. Doch das ist eine schmale Klientel. Besser ist es offenbar, in der Nähe der Haupteinkaufsstraßen zu bleiben. Wie in Nürnberg. »Da stolpern die Kunden dann schlicht aus Versehen herein«, sagt Bernd Hausmann. Im Vergleich zum Online-Shop verkauft er im Laden längst wesentlich mehr. Kein Wunder: Dort wird man beraten und kann – bei Kleidung entscheidend – auch alles anprobieren. Und für die Kunden zählt eben, dass sich ein gutes Gewissen nicht nur gut anfühlt, sondern auch angezogen gut aussieht.

Das ist auch in Hamburg so. Dort gründeten Insa Riske und Felix Aderhold ihren Laden Fein und setzten ihn mitten in die Marktstraße. Hier reiht sich Modeladen an Modeladen. Und das nahe Schanzenviertel ist in jedem Hamburg-Reiseführer erwähnt, sodass besonders Freitag und Samstag, wenn die Touristen fürs Wochenende kommen, Hochbetrieb herrscht. Geführt wird die Crème de la Crème der internationalen Marken, alles gehobenes Preisniveau, aber die Touristen und die Trendsetter aus dem Viertel zahlen gern ein bisschen mehr, wenn es darum geht, nicht so auszusehen wie alle anderen. Und so inspizieren elegante Frauen mit Sinn für Tierschutz die lederfreien Handtaschen von Matt&Nat, man probiert Kuyichi-Jeans aus 100 Prozent Biobaumwolle und Sneakers im Oldschool-Stil von der französischen Marke Veja, die schwer zu bekommen sind, weil die Macher auf Klasse statt auf Masse setzen. Natürlich kommen auch diejenigen, die etwas Lässiges für den Yoga-Kurs von der Firma Mandala suchen, oder gesundheitsbewusste Mütter, die Babykleidung aus ökologisch angebauten Fasern bevorzugen. Nicht jeder Kunde ist »grün bis auf die Knochen«, wie auf einem T-Shirt steht. Nutzte man die Grüntöne zu einem Vergleich, so sind manche hellgrün, andere mittelgrün oder dunkelgrün. Soll heißen, es gibt engagierte junge Leute, die das Thema neu für sich entdecken; Ältere, für die Naturverbundenheit eine wichtige Qualität ist, und überzeugte Alt-Ökos, die den Unterschied zwischen Bio und Fair genauestens kennen. Während den alten Hasen zu verdanken ist, dass die Ökobewegung und eben solche Läden in Deutschland nicht bei null anfangen müssen, bringen die Jüngeren eine unglaubliche Dynamik rein. Sie eint die Vorstellung, mit ihrem Modekonsum den Markt verändern zu können. Und gemeinsam sichern sie das Überleben solcher kleinen und feinen Läden. Insgesamt wächst die Zahl derjenigen, die eine tragbare Alternative suchen. Das Institut der deutschen Wirtschaft in Köln ermittelte, dass sich mittlerweile jeder vierte Bundesbürger für »naturbelassene Mode« interessiere. Bei Frauen sei das Interesse größer als bei Männern (30 Prozent gegenüber 21 Prozent). Das entspricht auch internationalen Hochrechnungen, die davon ausgehen, dass sich ein Drittel der Kunden für die Herkunft der Kleidung interessiert und gezielt auf sauber und sozialverträglich hergestellte Ware umsteigt. Eine aktuelle Studie der GfK Textilmarktforschung von April 2008 fand heraus, dass über die Hälfte derer, für die »Umwelt- und Sozialverträglichkeit« beim Kauf von Kleidung und Schuhen »sehr wichtig« ist, auch bereit ist, dafür mehr Geld auszugeben. Ohnehin kauften sie schon jetzt in höheren Preislagen ein.

Das sind erfreuliche Aussichten für die Läden und die Labels, die Ware für diese Kunden entwerfen und verkaufen. Obwohl es in den USA auch schon die ersten Pleiten gegeben hat. Bei allem Respekt für die Leistung der Kleinen bleibt doch die Frage, ob die Kundenschar eine so kritische Masse erreicht und so hohe Umsätze verspricht, dass auch ein genereller Wandel zugunsten mehr Fairness gegenüber Mensch und Natur in der Textilindustrie denkbar ist.

Wie viel die Kunden für die saubere und sozialverträgliche Mode ausgeben, weiß momentan niemand genau. Ein Indiz mögen die steigenden Erträge der jungen Branche sein. Die Umsätze der holländischen Modefirma Kuyichi stiegen in vier Jahren von 2,7 Millionen auf mehr als zehn Millionen Euro. Damit ist sie noch immer ein Winzling im Markt, aber doch ein Aufsteiger. Hess Natur, 1976 gegründet und einer der Öko-Pioniere, setzte 2007 rund 70 Millionen Euro um. Um jeweils drei bis fünf Prozent sei der Umsatz in den vergangenen vier Jahren gestiegen, rechnet das Unternehmen vor, das seit 2001 zu Arcandor (früher Karstadt-Quelle) gehört. Im Sommer 2008 hat die Firma aus dem hessischen Butzbach in die USA expandiert.

Insgesamt hat die grüne Mode derzeit einen geschätzten Anteil von 1,4 Prozent am Gesamttextilmarkt, in fünf Jahren sollen es laut Branchenanalysten 4,8 Prozent sein. Um mehr Dynamik in den Markt zu bringen, bräuchte es sicher noch mehr Knowhow, denn das fehlt offenbar sehr. Anders ist es nicht zu erklären, wie leicht unzählige Vertreter der Modeindustrie bei einer satirischen Kunstaktion von Schweizer Designstudenten aufs Glatteis zu führen waren. Ohne jeden Argwohn strömten die Besucher der Modemesse »Premium« im Frühjahr 2008 an den Stand des »Bundesamtes für Bekleidung« und ließen sich von bitterernst dreinblickenden angeblichen Beamten ein Kleidungsstück ihrer Wahl abnehmen, um es zu »begrünen«. Am Ende, so versprachen die Bediensteten, sei es nicht nur ästhetisch, sondern auch ethisch einwandfrei. Dazu musste das »Objekt« zunächst durchleuchtet werden. Sicher trug die scheinbare Autorität des »Amtes« dazu bei, dass niemand fragte, wie sich eigentlich mit einem gewöhnlichen Scanner analysieren ließe, ob Shirts, Schuhe und Co. unter menschenverachtenden Bedingungen oder gar von Kinderhand gefertigt wurden. Selbst als das abgegebene Kleidungsstück mit einem normalen Kescher in einen Glasbottich voller Kunstnebel versenkt wurde, um seine Chemikalienfracht zu ermitteln, ahnten die Modeleute nichts. Hauptsache, die Kleidung wurde am Ende durch minutenlanges Halten unter grünes Licht von allen Giften befreit und mit einem Label versehen, das einem Orden ähnelte. Nach dieser Aktion ist sicher: In der oberflächlichen Branche ist noch radikale Aufklärung darüber nötig, wie man zu einem guten Gewissen kommen kann – allein mit grün schimmerndem Licht sicher nicht. Hoffnung geben eine Vielzahl von Schulungen für die arrivierten Branchenvertreter, bei denen sie mit dem Thema Umweltschutz und Sozialverträglichkeit auf Tuchfühlung gehen können. Besonders aktiv sind die Verbände, die sich der Förderung der Biobaumwolle verschrieben haben. Denn das ist eindeutig ein starker Stoff, dessen Vorteile sich leicht erklären lassen. Dem Verband der Naturtextilhersteller (IVN) und damit der privaten Initiative der Wirtschaft ist es zu verdanken, dass wir inzwischen ein umfassendes und weltweit gültiges Siegel haben, das sauber und sozialverträglich hergestellte Kleidungsstücke kennzeichnet (siehe nächstes Kapitel). Für die Sicherheit der Kunden beim Einkauf grüner Mode führt aus meiner Sicht kein Weg an einem gut erkennbaren Siegel vorbei. Nur sollte es eben möglichst ein einziges sein – derzeit herrscht aber noch ein geradezu babylonischer Siegel-Wirrwarr.

Worauf muss man achten? Wer liefert Informationen über den wachsenden Markt?

»Nachgefragt wird viel zu wenig«, klagt der Ökomode-Spezialist Bernd Hausmann, der die Kunden gerne kritischer hätte. Was in seinem Laden Glore in Nürnberg aber auch daran liegen kann, dass die Kunden seiner unbestrittenen Expertise vertrauen. Nur diejenigen, die auch beim Einkauf von Brot und Milch jedes Etikett studieren, setzen diese gründliche Prüfung ebenfalls bei Kleidungsstücken fort, hat Hausmann beobachtet. Bernd Hausmann ist oft strenger als seine Kunden selbst. Die Kleidung des Trendlabels American Apparel listete er aus. Die amerikanische Kette produziere zwar ihre gesamte Ware »sweatshop-free« nahe Los Angeles, schere sich aber als angebliche Vorzeigefirma um den Bioanbau ihrer Baumwolle zu wenig. »Bio« seien sie deshalb nicht, was fälschlicherweise oft behauptet würde. Doch woher weiß er das? Informationen über große Firmen lassen sich meist im *Schwarzbuch Markenfirmen* nachschlagen, anderes steht in spezialisierten Ratgebern, wie dem Buch *Shopping hilft die Welt verbessern* von Fred Grimm, der allerdings nicht nur grüne Mode betrachtet.

Eine schnelle – und oftmals aktuellere – Hilfe bieten grüne Online-Portale wie Utopia, die im Bereich Kleidung bislang Anbieter von T-Shirts, Jeans und Turnschuhen vorstellen. Erklärt wird auch, worauf allgemein beim Kleiderkauf zu achten sei und warum die Ökoware besser ist. Seit Februar 2008 gibt es auch eine Plattform allein für grüne Mode, eine Übersicht über 1 700 Produkte von 40 engagierten Modelabels (Stand: September 2008). Der Wunsch nach besserem Durchblick brachte das Berliner Startup zu seinem Namen bransparent (www.bransparent.com). Das Kunstwort setzt sich aus den englischen Worten für Marke »brand« und Transparenz »transparency« zusammen. An zwei Buttons für Sozial- und Umweltstandards, die nur an geprüfte Labels vergeben werden, können Interessierte auf einen Blick erkennen, welche Firmen wo stark sind. Solche hilfreichen Angebote, die klären, welche Labels zu Recht Läden und Laufstege erobern, werden sicher weiter boomen. Allgemeine Informationen über Siegel und Zertifikate bietet die Datenbank der Verbraucherinitiative unter www.label-online.de. Speziell die Sozialstandards von Anbietern »ethischer Mode« beurteilt die internationale Seite der Kampagne für Saubere Kleidung www.cleanclothes.org (auf Englisch). Bis September 2008 gab es nur ausführliche Informationen zu Gap Red, Kuyichi, Edun und American Apparel.

Wer neben seinem Wunsch nach praktischem Beistand auch noch seine Stilbildung vorantreiben möchte und sich eine eigene Sicht auf die etablierte Modeszene wünscht, kann einen der vielen Modeblogs konsultieren. Auf einer Liste mit 60 nachhaltigen Blogs, die im Herbst 2008 im Netz kursierte (www.bioemma.de), war die Ökofashion-Szene besonders gut vertreten. Die Blogs sind nicht nur frech und frisch, sondern auch gut vernetzt. Man sieht sich nicht als Konkurrenz, sondern als Community. So gesehen bieten sie Nestwärme und sind Foren für das »Ich-bin-nicht-allein-Gefühl«. Sie helfen auch, ökologische Nischen zu erschließen und beispielsweise den neuesten Zwergen-Anbieter von Öko-Schuhen zu finden, wo nach wie vor Nachholbedarf besteht.

Kapitel 11

Die Labels – welchen kann man trauen?

Geprüft und für gut befunden: Die Nachfrage nach verlässlichen Öko- und Sozialsiegeln für die Textilbranche steigt ständig, doch der Gesetzgeber ist bislang noch nicht tätig geworden. Worauf es jetzt ankommt.

Deutschland ist beim Umweltschutz und speziell bei den Biolebensmitteln Vorreiter in Europa, ja in der Welt. Für Brot, Butter und Gemüse aus ökologischem Anbau und Fleisch von Tieren aus artgerechter Haltung wurden Standards entwickelt, mit denen man die Produktion kontrollieren und das Vertrauen der Kunden gewinnen konnte. Eigentlich muss man nur auf das sechseckige EU-Biosiegel achten. Es ist also leicht, eine gute Entscheidung zu treffen, und das spricht generell für sichtbare Siegel.

Ein Beispiel aus dem Ernährungsbereich mag illustrieren, was so ein Siegel im besten Falle leisten kann. Während auf dem Markt für Babynahrung zunächst nur wenige Gläschen ein Biosiegel trugen, kann sich heute eigentlich kein Anbieter mehr leisten, ohne eines aufzutreten. Solche Babykost würde schlicht nicht gekauft. Das Siegel und die dahinterstehenden hohen Standards haben also den gesamten Markt »biologisiert«. Genau diesen Effekt gilt es auch mit einem Biosiegel für Textilien zu erreichen. Was einstmals Premium war, wird zur Selbstverständlichkeit für alle. Für Billigheimer genauso wie für Markenhersteller. Erst wenn das geschafft ist, kann man sich zurücklehnen und dann das kaufen, was einem am besten schmeckt oder bei Kleidung am besten gefällt.

Doch davon sind wir in der Modebranche noch weit entfernt. Ein gesetzlich geschütztes Zertifikat für sauber und sozialverträglich hergestellte Kleidung, das den Kunden Sicherheit bietet, gibt es noch nicht. Die Politik scheint seltsam tatenlos. Nicht mal eine Initiative für einen grundlegenden Standard ist am Horizont zu erkennen. Diese Lethargie ist schlecht. Dabei ließe sich beispielsweise im ersten Schritt die EU-Richtlinie, die regelt, was »Bio« bei Lebensmitteln heißt, auch auf andere Bio-Produkte wie etwa Kleidung erweitern. Doch hier scheint sich niemand heranzutrauen.

Das liegt womöglich daran, dass es keine leichte Aufgabe ist. Das Herstellen von Kleidung erfordert viele Arbeitsgänge und ist komplex, denn der Weg vom Feld bis zum Schrank ist lang. Da wird nicht nur ein Rohstoff gebraucht, sondern das Textil wird auch gefärbt, bedruckt, veredelt und genäht – es ist also viel Spielraum für einen wenig schonenden Umgang mit Land und Leuten.

Und ist ein Kleidungsstück schon »clean«, wenn nur der Rohstoff aus ökologischer Landwirtschaft stammt? Oder erst, wenn die gesamte Verarbeitung umweltfreundlich ist? Oder aber erst dann, wenn auch sicher ist, dass keine Kinderarbeit drinsteckt und keine Hungerlöhne gezahlt wurden? Schwierig. Denn bei Kleidung gilt es, zwei Seiten der Medaille zu beachten: Arbeitsrechte und Umweltschutz. Wahrlich »clean« ist ein Kleidungsstück erst, wenn es sauber UND sozialverträglich hergestellt wurde, wenn es also öko und fair ist, sprich doppelt gut.

Und das soll alles ein Siegel leisten? Da der Gesetzgeber kein Interesse hatte, kam es zur Privatinitiative von Textilverbänden und Textilherstellern. Doch statt an der Aufgabe gemeinsam zu wachsen oder sich gar an einen Tisch zu setzen, kochte jeder sein eigenes Süppchen und probte das Klein-Klein. In der Praxis hieß das: Textilverbände und Textilhersteller, aber auch Nichtregierungsorganisationen entwickelten unabhängig voneinander eine Flut von Siegeln auf sehr unterschiedlichem – meist niedrigem – Niveau. Fast zwei Dutzend verschiedene Textilsiegel gibt es inzwischen – die Liste ist ebenso lang wie unübersichtlich.

Gut ist, dass der Markt sich durch freiwillige Zertifizierungen verantwortungsbewusst zeigt, aber für den Kunden sind die vielen Siegel mehr als verwirrend. Eigentlich bräuchte man inzwischen ein Label-Lexikon.

Bei einer Umfrage im Bekanntenkreis zeigte sich, dass allenfalls das Fairtrade-Siegel bekannt ist, weil es auch schon auf vielen Lebensmitteln, etwa Bananen, Tee und Schokolade, prangt. Kaum einer wusste jedoch, dass es inzwischen auch einige wenige Textilien aus Baumwolle als fair gehandelt adelt. Und so zeigt sich schnell sein wesentliches Manko: Es ist eher exklusiv und wird auch in Zukunft nicht auf vielen Kleidungsstücken zu sehen sein. Die Kunden können es also kaum finden. Und so kann der Markt nicht die breite Masse erreichen und »wirklich durch das Glasdach stoßen«, wie Experten sagen.

Hoffnung bietet derzeit nur ein einziges Siegel, an dem wohlgemerkt die Wirtschaft und nicht die Politik seit Jahren arbeitet: der Global Organic Textile Standard (GOTS). Es ist das bislang beste und umfassendste Gütesiegel, da es erstmals ökologische und soziale Standards vereint. Obendrein ist es weltweit gültig, denn es wurde federführend vom Internationalen Verband der Naturtextilwirtschaft (IVN) und drei anderen internationalen Organisationen entwickelt. Für dieses strenge Zeichen reicht es nicht, Biobaumwolle oder andere ökologisch optimierte Naturfasern zu verarbeiten; es erfasst den gesamten Prozess des Kleidermachens vom Acker bis in den Schrank, schreibt also auch vor, welche Farben oder Gerbungen beim Leder erlaubt sind. Die internationale Arbeitsgruppe hat sieben Zertifizierungsstellen benannt, bei denen sich interessierte Betriebe um das Siegel bewerben können. Neben rund 20 klassischen Naturtextilherstellern wie Engel, Maas oder Disana arbeitet auch Hess Natur nach diesem Standard; H&M, C&A und Levi's haben einen Teil ihres Biosortimentes darauf umgestellt. Das Zeichen selbst – ein kaftanähnliches Kleidungsstück, das überall auf der Welt als solches zu erkennen sein soll – ist allerdings optisch ziemlich bieder geraten und konterkariert deshalb zu wenig das Müsli-Image der Öko-Kleidung aus früheren Tagen. Eine optische Generalüberholung wäre dringend nötig.

Als Denkanstoß, welches Symbol vielleicht geeignet wäre, um den GOTS-Standard optisch »aufzuhübschen«, habe ich in meinem Blog zum Thema eine weiße Weste vorgeschlagen, die auf grünem Grund steht. Nicht nur, dass es ein Kleidungsstück darstellt, sprachlich verbinde ich damit, dass der, der es verwendet, ein lupenreines Gewissen hat. Vielleicht muss man es dann noch mit den Reizwörtern – ökologisch und ethisch einwandfrei – ergänzen, statt wie bisher nur ein sperriges Buchstabenkürzel zu bieten, was sich schlecht spricht. Hier ist Fantasie gefragt.

Die gute Nachricht: Die sieben Zertifizierungsstellen berichten über regen Zulauf, sodass GOTS womöglich die schnelle Karriere machen wird, die es verdient. Einziger Wermutstropfen: Die Sozialstandards, die immerhin die Kernarbeitsnormen der Internationalen Arbeitsorganisation erweitern, gehen einigen Kritikern bei GOTS nicht weit genug. Die Anhänger des strengsten reinen Sozialsiegels auf dem Markt, dem Zeichen der Fair Wear Foundation (FWF – unterstützt von der Kampagne für Saubere Kleidung), monieren beispielsweise, dass die GOTS-Inspekteure in China und Indien Europäer seien, die bei der einheimischen Belegschaft nicht das nötige Vertrauen genießen, und sich deshalb dort niemand beschweren würde. Tatsächlich sind lokal ausgebildete Inspektoren die bessere Idee.

Trotzdem ist zu wünschen, dass sich die verschiedenen Zeichengeber jetzt nicht in Grabenkämpfen verstricken, sondern an einem Strang ziehen und sich abstimmen, sodass ein renoviertes GOTS-Siegel bald auf Tausenden von Kleidungsstücken prangen wird und die vielen selbst kreierten Siegel mit eher weichen Standards ablöst. Beispielsweise den weit verbreiteten Öko-Tex-Standard 100, der allenfalls sichert, dass der Schadstoffgehalt eines Kleidungsstücks unter einem bestimmten Niveau bleibt, in puncto Umwelt und Soziales aber nichts fordert. Denn Öko-Tex 100 garantiert weder Biobaumwolle noch die Einhaltung von Arbeitsrechten.

Übrigens halte ich ein einheitliches und gut erkennbares Label für eine Bringschuld der Anbieter: Wer mein Geld will, soll auf seine Ware draufschreiben, was drin ist, sich regelmäßig kontrollieren lassen und auch haften, wenn er beim Schummeln erwischt wird. So ein Label birgt doch auch die Chance, die eigene Leistung auszuloben, und sollte deshalb reizvoll für die Firmen sein. Es ist also eine Auszeichnung und kein Handicap – es sei denn, es wirkt zu wollsockig und hält junge Kundschaft ab, die um jeden Preis cool sein möchte.

Das ist aber offenbar nicht zu fürchten. H&M-Sprecher Hendrik Alpen meint zu wissen, dass gerade Teenager ein Öko-Siegel derzeit als »Plus« wahrnehmen und solche Ware deshalb bevorzugen.

Ob ein solcher harter Standard sich auch als Modell für die Kleidung insgesamt durchsetzt, hängt sicher davon ab, wie gut sich die ökokorrekte Ware verkauft. Und da sind wieder die Kunden gefragt, die mit ihrem Kauf signalisieren können, dass sie Kleidung ohne Kinderarbeit, Hungerlöhne und üppige Chemie für eine wahre Alternative und die Zukunft der Mode halten.

Eigentlich gibt es sonst nur noch eine Idee, die es zu kennen gilt: den blauen Knopf der Organisation Made-by. Während das GOTS-Siegel strenge Standards setzt und Firmen auszeichnet, die schon perfekt auf Öko getrimmt sind, versucht die Organisation Made-by die Schwelle zu senken und konventionellen Modefirmen ein Angebot zu machen, das ihnen hilft, ihren Weg ins Öko-Business zu finden. Die Beratungs- und Zertifizierungsorganisation Made-by wurde in Holland gegründet und expandierte Mitte 2008 nach Deutschland (www.made-by.org). Made-by arbeitet bereits erfolgreich mit zwei Dutzend Trendmarken zusammen, wie zum Beispiel mit dem Label des Popstars Bono Edun, dem Jeans-Label Kuyichi oder dem Kindermode-Label Imps&Elfs.

Diese Firmen wurden an die Hand genommen und sollen sich nun Schritt für Schritt entwickeln. Den blauen Knopf – ihr Erkennungszeichen – vergibt Made-by nämlich auch, wenn die Firmen erst einen sehr niedrigen Umwelt- oder Sozialstandard erreicht haben. Allerdings legt Made-by dann in einem Vertrag fest, welche Verbesserungen erzielt werden sollen. Am Ende jeden Jahres veröffentlicht man dann Punktekarten, auf denen interessierte Kunden im Internet sehen können, was erreicht wurde, beispielweise welcher Anteil der Kollektion inzwischen auf Bio umgestellt ist. Im Laufe der Zeit lässt sich so erkennen, ob die Firma sozusagen hellgrün bleibt oder mittelgrün wurde oder gar inzwischen durch und durch grün ist. Natürlich ermutigt Made-by die Modefirmen, sich nach der Decke zu strecken, also das ökologische und soziale Nonplusultra zu erreichen.

Das heißt, viele Partnerfirmen können am Anfang zwar nicht garantieren, dass jedes ihrer Bekleidungsstücke fair hergestellt und sauber ist. Aber sie können nachweisen, dass sie nachhaltige Produktionsprozesse vorantreiben. Der Gedanke, dass die gesamte Modeindustrie Training bitter nötig hat, scheint sich langsam durchzusetzen. Und dass es möglich ist, sich in beide Richtungen gleichzeitig zu bewegen, also sauber UND sozialverträglich zu produzieren.

Ein Rückgriff auf eine Entwicklung bei Lebensmitteln und fairem Handel mag das illustrieren. Lebensmittel wie Bananen, Tee oder Schokolade, die vom deutschen Verein Transfair als »fair« ausgezeichnet wurden, wo also die Bauern und ihre Ware angemessen bezahlt wurden, waren nicht von Anfang an auch biologisch hergestellt. Inzwischen sind aber 75 Prozent der fair gehandelten Lebensmittel auch biologisch produziert. Das heißt, die Entwicklung ging deutlich dahin, doppelt gut zu sein. Was bei Lebensmitteln funktioniert hat, sollte auch bei Kleidungsstücken klappen, sodass die Kunden am Ende beides haben können.

Die wichtigsten Gütesiegel für Textilien

- *Fairtrade Certified Cotton. Entwickelt von Transfair. Mehr unter: www.transfair.org*
  Transfair vergibt Siegel für fair gehandelte Produkte. Fairtrade Cotton ist vergleichsweise neu. Der Ansatz schützt bewusst das schwächste Glied in der Produktionskette – die Baumwollprodu-zenten und ihre Familien. Aber auch Spinnereien, Webereien und Konfektionäre werden auf die Einhaltung sozialer Standards überprüft. Fairtrade-Produkte sind nicht zwingend aus biologisch angebauter Baumwolle hergestellt. Bislang sind erst 20 Prozent der fairen Baumwolle auch gleichzeitig Biobaumwolle.

- *Organic Exchange 100 Standard. Entwickelt von Organic Ex-change. Mehr unter:www.organicexchange.org*
  Organic Exchange hat sich die weltweite Förderung des Bio-baumwollanbaus zum Ziel gesetzt und arbeitet mit einem eige-nen Standard, der besagt, dass die Produkte aus 100 Prozent biologischer Baumwolle hergestellt sind. Der Fokus auf den Baumwollanbau heißt: keine weiteren Ziele wie Schadstofffrei-heit im Textil oder soziale Standards.

- *Europäisches Umweltzeichen (EU-Blume). Entwickelt vom Um-weltbundesamt, in Rücksprache mit der EU-Kommission. Mehr unter: www.eco-label.com/german*
  Stellt Mindestanforderungen an die umweltverträgliche Produk-tion von Textilerzeugnissen, vor allem hinsichtlich Wasser- und Luftverschmutzung, sowie an die Gesundheitsverträglichkeit (Allergiegefahr). Hat sich nicht durchgesetzt und taugt wenig.

- *Öko-Tex-Standard 100 plus. Entwickelt von den Hohensteiner Instituten. Mehr unter: www.oekotex.com*
  Viele Ökokollektionen arbeiten mit dem Öko-Tex-Standard der Forschungsinstitute Hohenstein in Bönningheim, wobei es hier nicht zwingend um Biobaumwolle geht. Verwirrend ist, dass es drei Standards gibt, die ähnlich heißen. Höchster Standard ist 100 Plus, der den niedrigen Öko-Tex 100 (nur für Schadstofffreiheit im Endprodukt) und den höheren Öko-Tex-1000 (für eine ökologische Produktion sowie Sozialstandards) umfasst.

- *Global Organic Textile Standard (GOTS). Mehr unter www.naturtextil.com und www.global-standard.org*
  Bestes und umfassendes Zeichen für Ökotextilien. Berücksichtigt werden neben dem ökologischen Anbau alle weiteren Produktionsschritte. Grundlage für Sozialauflagen ist die ILO-Konvention, ergänzt um die Zahlung existenzsichernder Löhne. Die internationalen Textilverbände, die das Zeichen tragen, bemühen sich zusätzlich um politische Unterstützung auf EU-Ebene, damit es irgendwann auch gesetzlich geschützt ist.

Kapitel 12

Biobaumwolle – ein starker Stoff

Ökologisch angebaute Baumwolle schont Land und Leute, und sie erfreut sich nicht zuletzt deshalb wachsender Beliebtheit bei den Kunden. Kein Wunder, dass die Menge der Biobaumwolle und der Anteil der daraus angefertigten Textilien rasant ansteigen.

Ganesha, ein Kerl mit einem Elefantenkopf und vier Armen, ist in Indien der Gott des guten Gelingens. Aber auch der Gott der Klugheit, und so eignet er sich gut als Schirmherr der Wissbegierigen, die an diesem Tag ins Dorf Julvania gekommen sind. Der kleine Ort liegt im Bundesstaat Madhya Pradesh, mitten im Baumwollgürtel Indiens. 200 Bauern nehmen dort an einem Einsteigertraining für Baumwollfarmer teil, die auf biologischen Anbau umstellen wollen. Ich bin als Reporterin des *Greenpeace Magazins* dorthin gereist, um zu beobachten, wie die Bauern die grüne Alternative annehmen.

Dicht gedrängt sitzen die Eleven auf dem Boden in der Villa eines Großbauern und hören gebannt einem alten

Mann zu, der sie so streng anblickt wie ein Lehrer. Rajeev Verma gestikuliert heftig und spricht beschwörend: »Früher habe ich Gifte auf meine Felder gesprüht. Die Chemikalien haben die Pflanzen geschwächt, das Wasser vergiftet und mich krank gemacht«, klagt der Senior über die Pestizide von Bayer und Co. Heute laufe alles anders: Statt sackweise Kunstdünger bringe er selbst gemachten Kompost auf die Felder. Der Boden sei wieder weich wie Samt und die Ernte reicher als je zuvor. Und da er auf Fruchtfolge setze und nicht jedes Jahr wieder Baumwolle auf ein und demselben Feld anbaue, hielte er die Schädlinge in Schach. Denn die Schädlinge der einen Pflanze könnten der anderen nichts anhaben. Damit sei es aber nicht getan. Er schütze seine Biobaumwolle, indem er um sein Feld herum beispielsweise Sonnenblumen anbaue, die einen Hauptschädling der Baumwolle anlockten. Und wenn alles nichts helfe, spritze er einen Saft, den er aus dem Neembaum gewinne. Das sei aber Natur pur, auf Insektizide verzichte er völlig.

Ganz Geschäftsmann klopft er sich auf die Hosentasche. »Als Biofarmer verdiene ich heute viel mehr als die meisten hier im Saal«, ruft er und heizt die Stimmung mächtig an. Er ernte nicht weniger, spare aber, weil er auf teure Gifte und Dünger verzichte. Lauter Beifall brandet auf, denn stärker als ökologische Argumente ziehen hier finanzielle Vorteile. Die meisten Bauern sind sehr arm. Viele sind hoch verschuldet, da sie auf Pump Saatgut, Pestizide und Kunstdünger gekauft haben. Wenn die Erlöse der Baumwollernte dann zu mager ausfallen, um Kredite und Zinsen zurückzuzahlen, sind die Farmer ruiniert. Das ist nicht nur in Indien so, sondern eigentlich in allen Ländern, deren wirtschaftliches Rückgrat die Baumwolle ist und deren Bevölkerung davon lebt.

Der Bioanbau, der früher den Ruch des Rückständigen hatte, weil er auf althergebrachten Regeln fußte und zudem viel Handarbeit verlangte, gilt deshalb wieder als Alternative. Die Biobaumwolle ist heiß begehrt, wird garantiert abgenommen und weit über Weltmarktniveau bezahlt. Meist gibt es noch eine Bioprämie obendrauf, die den Bau von Brunnen, Krankenstationen oder Schulen ermöglicht. Und so ist der Anbau von Biobaumwolle plötzlich nicht nur die einzige vernünftige, sondern zugleich die beste Lösung für die Bauern.

Mittags zieht der Tross aus Julvania aufs Feld, um prüfend die hüfthohen Baumwollsträucher zu mustern, deren Üppigkeit auf giftfreien Äckern wurzelt. Jetzt spiegelt sich in den Gesichtern Anerkennung – der Workshop hat sein Ziel erreicht und willige Partner gefunden für ein Bündnis, das sich dem biologischen Anbau von Baumwolle verschrieben hat. Die Bio-Gilde wird von Rajeev Baruah geführt, der in einer Baumwollspinnerei vor vielen Jahren den Schweizer Garnhändler Patrick Hohmann traf. Hohmann wollte aus dem wattigen Weiß modische Kleidung fertigen, die höchsten ökologischen und sozialen Anforderungen standhielt. Durch den Handel mit der grünen Modelinie wollten der engagierte Unternehmer und seine Firma, die Schweizer Remei AG, die Armut der Bauern bekämpfen. So wurde BioRe India 1991 geboren; es gilt zu Recht als Pionierprojekt des Anbaus von Biobaumwolle. Seit 1994 gibt es auch ein

Schwesterprojekt in Tansania. Geschäft und Gesinnung gingen hier eine fruchtbare Allianz ein. Heute ist Hohmanns Remei AG mit Sitz in Rotkreuz bei Luzern weltweit einer der größten Händler von Mode aus Biobaumwolle. Sie arbeiten mit mehr als 10 000 Bauern zusammen und produzierten zuletzt 1,7 Millionen Kleidungsstücke jährlich. Damit beliefern sie nicht nur die Supermarktkette Coop aus der Schweiz (Naturaline) oder Monoprix in Frankreich, sondern auch deutsche Modefirmen wie More&More und selbst den Discounter Penny/Rewe. Zu erkennen ist die Ware an dem firmeneigenen Label BioRe, dessen Vergabe allerdings strengstens kontrolliert wird. Externe Prüfer reisen auf die Äcker der Bio-Gilde, untersuchen die Sprühbehälter, um verbotene Pestizide aufzuspüren, oder graben im Boden nach Resten von Granulat, was ein Beweis für den Einsatz von Kunstdünger wäre. Nach jeder Ernte wird ein Schnelltest auf verändertes Erbgut in der Pflanze gemacht, denn es hat schon Fälle gegeben, wo statt Biosaatgut genverändertes Saatgut ausgebracht wurde. Wer beim Schummeln erwischt wird, fliegt raus.

Biobaumwolle ist derzeit das Material der Stunde. Gerade in Zeiten des Klimawandels erweist sich ihr Anbau als besonders vernünftig. Nicht nur, dass auf energieintensiv hergestellten Dünger verzichtet werden kann, die fruchtbaren und humusreichen Böden sind nachweislich in der Lage, viel überschüssiges Kohlendioxid aus der Atmosphäre zu binden – quasi vom Himmel zu holen – und damit den Klimawandel zu bremsen. Dieses Argument pro Biobaumwolle wird sicher zu ihrem Siegeszug beitragen.

Ein Wermutstropfen bleibt das Wasser. Ohne Wasser ist auch Biobaumwolle nicht zu haben. Die Pflanze ist von Natur aus besonders durstig, und sie wird vor allem in trockenen Gebieten angebaut. Biobaumwolle wird – wenn möglich – zwar nur mit Regen bewässert, reicht der aber nicht aus, setzen die Bauern auf die besonders sparsame Methode der Tröpfchenbewässerung, bei der das Wasser ganz gezielt zu den Pflanzen gebracht wird, anstatt die Äcker wie sonst üblich schlicht zu fluten. Doch präzise Zahlen darüber, wie viel Wasser dennoch für Biobaumwolle nötig ist, fehlen derzeit. Vermutlich wird der Wassereinsatz einer der begrenzenden Faktoren für den Anbau in wirklich rauen Mengen sein. Fazit ist dennoch: Biobaumwolle ist viel besser als ihr konventionelles Pendant und ein immenser Gewinn für die Umwelt und die Gesundheit der Bauern. Deshalb wird sie zu Recht jeder Textilfirma empfohlen, die ins Ökobusiness einsteigen will. Und Firmen, die ein grüneres Image wollen, gibt es viele.

Über den Dächern von Amsterdam hielt Anfang 2008 die kalifornische Ökolandbaugruppe Organic Exchange ihre erste Tagung in Europa ab. Organic Exchange ist eine gut ausgestattete Lobbygruppe, die den Anbau von Biobaumwolle weltweit fördert. Die Teilnehmerliste ihrer Schulung las sich wie ein Who's Who der Textilbranche: von Adidas und Nike über Levi's und G-Star bis zu Mexx und Tchibo waren alle da. Als Hauptredner hatte man Phil Chamberlain, Einkaufsdirektor von C&A gewonnen, der Anbieter, der mit Verve sein Sortiment auf Biobaumwolle umstellt. Dank des Einstiegs dieser Branchenriesen hat sich der Markt für Biobaumwolle schlagartig entwickelt. Rund 50 000 Tonnen wurden 2007 geerntet. Die Ernte an konventioneller Baumwolle ist mit 25 Millionen Tonnen zwar noch 500-mal höher und die Kräfte noch ungleich verteilt, doch die Menge des ökologisch angebauten Pendants steigt – Branchenkenner rechnen demnächst mit Ernten von bis zu 100 000 Tonnen.

Über 70 Prozent des begehrten Bio-Rohstoffs stammen derzeit aus der Türkei und aus Indien – beide Länder haben, anders als etwa Afrika, eine florierende Textilindustrie. Aber auch in Lateinamerika – in Peru, Paraguay, Nicaragua, Argentinien und Brasilien – wächst inzwischen Baumwolle auf giftfreien Äckern. Und vor allem Afrika holt auf, wo 20 Millionen Menschen mehr schlecht als recht vom Baumwollanbau leben können.

Ein Blick auf die größten fünf Abnehmer offenbart die Dominanz der Handelsriesen. Ausgerechnet die wegen mieser Arbeitsbedingungen vielgeschmähte US-Kette Wal-Mart ist die Nummer eins unter den Käufern von Biobaumwolle weltweit. Auf Anregung einer Mitarbeiterin begann Wal-Mart 2004 mit einem Yoga-Outfit und verkaufte in zehn Wochen 190 000 Stück davon. Wal-Mart-Chef Lee Scott war begeistert, startete eine Öko-Offensive und ist trotz vieler Unkenrufe bis heute dabeigeblieben.

Außer Wal-Mart gehören zu den Top-Fünf der weltweiten Käufer Nike, Woolworth (Südafrika), Coop (Schweiz) und eben C&A. Natürlich ist das Misstrauen diesen Großen gegenüber besonders groß, weil zu fürchten ist, dass es nur um den erhofften Profit geht und jeder Rückschlag an der Ladenkasse dem Engagement ein plötzliches Ende bereiten könnte. Da der Trend zur grünen Mode bei den Kunden aber anhält und sich wohl zum Megatrend auswächst, steht das momentan nicht zu befürchten.

Teurer muss die Kleidung aus Biobaumwolle übrigens nicht sein. Der Rohstoffpreis ist zwar etwas höher, macht aber nur einen Bruchteil des Verkaufspreises aus – die ökologische Baumwolle treibt also den Preis für das Endprodukt nicht in die Höhe. Anders wäre es nicht zu erklären, dass etwa C&A seine ökokorrekten Stücke mit dem Label Bio Cotton zum selben Preis anbietet wie die herkömmliche Ware. Erst die ökologische Weiterverarbeitung und das Achten auf Sozialstandards auf dem ganzen Weg bis in den Schrank macht die Kleidung dann doch etwas teurer. Auch deshalb schrecken viele Firmen davor zurück, ihre Ware komplett auf Öko zu trimmen, aber auch, weil viele der von den Kunden gewünschten Effekte schlicht noch nicht auf diese Weise zu haben sind, wie am Beispiel der Jeans noch zu sehen sein wird (siehe Kapitel 13).

Klar ist aber: Unter allen Rohfasern zur Kleiderherstellung, die derzeit zur Verfügung stehen, ist die Biobaumwolle das Material der Stunde. Es ist ein wahrhaft starker Stoff, und es wird sich zeigen, ob andere innovative Materialien eine ähnliche Karriere machen. Solange das noch Zukunftsmusik ist, fragt man sich bang, ob die begehrte Biobaumwolle vielleicht knapp werden könnte. Kenner der Szene sagen Nein. »In Afrika liegen große Mengen fruchtbarer Flächen brach, unter anderem deshalb, weil es nicht genug Hacken gibt, um die Felder zu bearbeiten«, sagt Rolf Heimann von Hess Natur. Die Butzbacher Firma pflegt wie die

Schweizer Remei AG seit Jahren enge Beziehungen zu ihren Baumwollfarmern, um den Nachschub an Bioware zu sichern. Es sind solche vorbildlichen Unternehmen, die als Blaupause für alle Einsteiger dienen sollten.

Denn die neue Konkurrenz scheint recht naiv davon auszugehen, dass Biobaumwolle sozusagen vom Himmel falle. Das ist nicht so. Bauern, die umsteigen wollen, brauchen Knowhow. Oft fehlt es an Beratung und Schulung zur Fruchtfolge, zur Düngung oder wie man Schädlinge mit natürlichen Mitteln in Schach hält. Hinzu kommt, dass die Umstellung von konventionellem Anbau auf Bioanbau nicht von heute auf morgen erfolgen kann. Drei bis vier Jahre dauert es, bis die Böden sich erholt haben, Kunstdünger und Pestizide abgebaut sind. Erst dann kann die Biobaumwolle als solche vermarktet werden. Während der Umstellungsphase sinken die Ernteerträge oft um mehr als die Hälfte, sodass die Bauern auch auf finanzielle Hilfe angewiesen sind.

Firmen, die also gerne die grüne Flagge hissen und ein Geschäft mit Kleidung aus Biobaumwolle machen wollen, sollten den Bauern bei der Umstellung helfen. Dazu gehört, die Rohware auch schon während der Übergangszeit, wenn die Böden noch nicht ganz clean sind und es sich im strengen Sinne noch nicht um Biobaumwolle handelt, zu einem besseren Preis abzunehmen. Ein solches Unternehmertum, das langfristig denkt und nicht nur auf den momentanen Gewinn schielt, wäre für die Bauern in den armen Baumwollnationen der Welt wahrlich Gold wert.

Die mädchenhafte Mode des US-Labels Stewart & Brown ist für alle,
die nicht so überkandidelt gekleidet sein wollen. Ein Großteil der Kollektion
ist aus Biobaumwolle, einiges aber auch aus Hanf oder Leinen.

Aus Biobaumwolle, die in Indien auf giftfreien Äckern wurzelt, wird Mode für Europa.
Die Abnehmer bezahlen den Bauern weit mehr als die mageren Weltmarktpreise.

Geprüft und für gut befunden: Firmen wie die Schweizer Remei AG garantieren den
Bauern die Abnahme der Biobaumwolle für mehrere Jahre.

Biobaumwolle schont Land und Leute, denn es werden keine Ackergifte gespritzt. Branchenkenner rechnen in Kürze mit einer Jahresernte von bis zu 100 000 Tonnen.

In der Shinyanga Region in Tansania leben bereits 2000 Bauernfamilien von Biobaumwolle – es ist eines der größten Anbauprojekte in Ostafrika.

Keinesfalls zu übersehen ist man in diesem Sommerkleid von Kuyichi.
Das Label ist die Diva der kleinen grünen Modeszene.

Der deutsche Ökomode-Pionier Hess Natur präsentierte sich auf der
New Yorker Modewoche 2008 ohne Models und Laufsteg. Die Firma zeigte
nur die natürlichen Materialien, die ihre Mode inspiriert (links).

Statt auf viel Schnickschnack setzt die Berliner Designerin Magdalena Schaffrin
auf zeitloses Design und Stücke, die das Zeug zum Klassiker haben. Denn wahrhaft
ökologisch ist alles, was langlebig ist und nicht in der nächsten Saison schon
wieder out.

Die »Earth-Positive-Kollektion« des T-Shirt-Druckers Continental Clothing ist klimaneutral produziert. Auch bedruckt wird ökologisch.

Cooles Design und gute Arbeitsbedingungen: Misericordia stellt in Peru Fair Fashion her.

Protest vor einer Tchibo-Filiale in Hamburg: Die Kunden von heute wollen wissen, woher die Produkte kommen, die sie kaufen. Doch die Textilbranche gibt sich so verschlossen wie der Kreml.

Nackte Zahlen: 1 000 000 000 Dollar

Im Jahr 2005 durchbrach der Umsatz mit ökologisch angebauter Baumwolle erstmals die Milliarden-Dollar-Grenze. 2008 rechnete man weltweit mit einem Umsatz von 2,6 Milliarden Dollar. Bis 2025 soll der Anteil an Biobaumwolle am Weltmarkt ein Drittel ausmachen. Das ist bitter nötig, denn das Geschäft mit konventioneller Baumwolle ist dreckiger, als man denkt. Ein Viertel aller weltweit eingesetzten Insektengifte landen auf Baumwollfeldern. Nach Angaben der Weltgesundheitsorganisation WHO sterben jährlich 20 000 Menschen an den Folgen der Verwendung von solchen hochwirksamen Giften.

Bio ist das Vernünftigste und das Beste

»Wir sind der Meinung, dass das moderne Unternehmertum nicht mehr nur abschöpfen kann. Stattdessen muss es global arbeitend die Menschen vernetzen, damit diese gemeinsam produzieren und die Nachfrage decken können. Nicht anonym, sondern verbindlich füreinander sollen in einer hohen Qualität Güter hergestellt werden, welche vom Markt verlangt werden. Dem hat die Remei AG in den letzten 25 Jahren versucht Rechnung zu tragen. Manchmal mehr, manchmal weniger erfolgreich. Unseren Fokus richten wir aber ganz klar auf den Menschen und die Natur, und wir versuchen, diese in unseren Gedankenstrom einzuschließen und entsprechend vernünftig zu handeln. So entstand unsere Vision biologisch anzubauen. Dies, weil wir den biologischen Anbau als Grundstruktur eines gesunden und sozialen Organismus betrachten (...) Bio ist nicht einfach alternativ. Bio ist das Vernünftigste und Beste.«

Patrick Hohmann, Geschäftsführer der Schweizer Remei AG, die auf faire und ökologische Weise Biobaumwoll-Textilien herstellt. Die Firma ist ein Pionier der Branche und seit 25 Jahren im Geschäft. Heute arbeitet sie mit mehr als 10 000 Biobaumwollbauern in Indien und Tansania zusammen.

Kapitel 13

Moderne Alchemie –
Die Farben und das Finishing

Öko-optimiert: Jeans – wenn Blau grün wird. Kann man es auch mit Pflanzenfarben bunt treiben? Was ist mit Knöpfen und Reißverschlüssen? Hält Öko durch bis zum Schluss? Entwicklungen, die noch am Anfang stehen.

Mit dem Rohstoff hört es ja nicht auf. Selbst wenn das Rohmaterial Natur pur ist, muss ein Kleidungsstück noch viele Färbungen, Waschungen und Veredelungen hinter sich bringen, bis es fertig im Laden hängt. Das bedeutet in der Regel ein Bad an Chemikalien.

Nehmen wir zum Beispiel die Öko-Jeans aus 100 Prozent Biobaumwolle, die neben dem T-Shirt aus dem gleichen Material zur Grundausstattung eines jeden gehören sollte, der die grüne Revolution im Kleiderschrank wagen will. Zwar ist es gut, dass Biobaumwolle in nennenswerten Mengen eingesetzt wird, aber danach sorgt der Wunsch nach speziellen Optiken für den Einsatz von viel Chemie und damit nach wie vor für eine negative Ökobilanz. Denn für den modischen Gebrauchtlook werden auch die korrekten Beinkleider mechanisch mit Bimssteinen malträtiert oder chemisch mit Weichmachern behandelt, damit sie nicht bretthart und kratzig sind. Und damit die Oberfläche schön schimmert oder kunstvolle Falten wirft, werden kunstharzhaltige Mittel aufgesprüht.

Ist das nicht dreist und eigentlich Kundentäuschung? Hersteller von Öko-Jeans berufen sich auf die sogenannten klassischen Ansprüche an Jeans. Öko hin oder her: Von Jeans werde nicht nur eine perfekte Passform erwartet, sprich, dass der Hintern in der Hose knackig sitzt, sondern vor allem, dass sie abgenutzt und wie bereits viele Jahre getragen aussähen. Deshalb sind Jeans heutzutage an den Oberschenkeln und an der Sitzfläche ausgebleicht, ein bisschen schmutzig und weisen womöglich noch gestopfte Löcher an den Beinen auf. Ein Muss scheinen auch beschädigte Säume und Taschen. Durch die Malträtierung der Jeans wird ihre größtmögliche Einzigartigkeit erreicht, und das ist wichtig, denn der Markt ist heiß umkämpft. Jährlich werden 500 Millionen Jeans in Europa verkauft; es gibt kaum ein anderes Kleidungsstück, das auf solche Stückzahlen kommt.

Im Trend ist derzeit Öko-Denim. Das Angebot ist in den vergangenen Jahren explodiert. Fast alle Jeanshersteller wie Diesel, Replay, Levi's, Wrangler, Lee, Meltin Pot, Mustang oder Mavi haben Ökolinien. Manche dieser Jeans kosten bis zu 300 Euro. Daneben gibt es grüne Trendlabels wie DelForte (US), Howies (UK), Kuyichi (NL) oder Nu (F), zu deren Sortiment ebenfalls ökokorrekte Beinkleider gehören. Und natürlich führen auch H&M und C&A umweltfreundliche Jeans, die für unter 50 Euro zu haben sind.

Während beim Grundmaterial, der Biobaumwolle, die Hausaufgaben gemacht sind, mangelt es aber noch immer am ökologischen Finishing. Schamhaft verschweigen viele Hersteller, warum auch ihre Ökomodelle so schön hell und butterweich sind. Man experimentiere noch mit ökologischen Waschungen, heißt es vorsichtig bei Kuyichi, einem der führenden Anbieter.

Am Knowhow fehlt es offenbar nicht. Die Ausrüster – also die Wäscher – sind durchaus in der Lage, öko-optimierte Verfahren anzubieten. Dazu zählen etwa Wascheffekte und Fixierungen mit Essig, Salz, Zitronensaft, Tee oder Kamille oder Weichmacher auf Basis von Rapsöl.

Ganz weit vorne ist dabei die amerikanische Jeansmarke Levi's, deren Eco Levis nicht nur mit natürlichem Indigo gefärbt ist, sondern mit Marseille-Seife und Mimosenextrakt gewaschen und mit Kartoffelstärke pflanzlich veredelt wird. Obendrein gibt es Knöpfe aus Kokosnussschale statt blanker Metallknöpfe, gesteppte Nähte statt Nieten und ein in Grün gesticktes Markenzeichen. Das Beinkleid ist übrigens auch ethisch vorbildlich. Gefertigt wird in einer eigenen Fabrik in Ungarn – von Kinderarbeit und Hungerlöhnen keine Spur, bestätigen die Inspekteure des holländischen Zertifizierers Control Union. Die Jeans tragen zu Recht das GOTS-Label – also das Textilsiegel mit dem härtesten Standard – und sind von der Baumwolle bis zur Waschung ökologisch korrekt. Natürlich hat Levi's nicht nur solche vorbildlichen Hosen im Regal, beweist aber, dass es anders geht.

»Das klingt ja alles gut, aber Ausnahmen bestätigten die Regel«, sagt Mathias Braunagel vom Wäscher Freshtex aus Heilbronn. Die Firma bietet Mittel auf Naturbasis an, drei Fabriken in der Türkei, in Polen und in Sri Lanka sind komplett GOTS-zertifiziert. Braunagel ist aber von der mangelnden Nachfrage enttäuscht. »Die Marken tun sich noch richtig schwer«, sagt er. Dabei hätten die Großen mit ihrer ökonomischen Macht doch besondere Verantwortung und sollten mutiger voranschreiten. Selbst bei Hugo Boss ist er schon gewesen – leider vergeblich. Dabei würden sich viele kleinere Unternehmen – wie Kompassnadeln nach Norden – nach Vorbildern ausrichten. An solchen Signalwirkungen durch Branchenriesen hapere es leider.

Auf Nachfrage räumt er allerdings ein, dass bestimmte angesagte Looks ohne den Einsatz von Chemie nicht zu haben sind – die Jeans sähen ein wenig »limitiert« aus. Da sei noch Entwicklungsarbeit zu leisten. Das verwundert nicht, denn die Firmen haben jahrelang ihr ganzes Geld in die Entwicklung von Chemie gesteckt, umweltfreundliche Alternativen wurden nicht erforscht. Das ändert sich erst jetzt tiefgreifend.

Aber die Wäscher beschreiben auch die Kosten offenherzig. Eine ökologische Waschung kostet 30 bis 60 Prozent mehr, statt vier Euro also schon mal sechs bis sieben Euro. Und da wird die Luft dünn, die Jeanshersteller drehen jeden Cent um und argumentieren schon mal, die Kunden zahlten nicht mehr und wollten letztendlich doch nur »eine Hose«.

Andererseits ist das Thema in aller Munde, noch nie zuvor ist in der Branche so viel über umweltverträgliche Produktionsprozesse geredet worden, und insgesamt hat die Idee mit der Öko-Hose doch unwiderstehlichen Charme.

Manche Jeanshersteller setzen übrigens ganz auf mechanische Verfahren, um Abrieb zu erzeugen, etwa auf die Behandlung mit Sandpapier. Aber das bedeutet noch mehr Zeitaufwand und auch höhere Lohnkosten, was in der schnellen und preissensiblen Branche ein Problem zu sein scheint. Dabei ist der Preisunterschied zu einer Markenjeans, die in der Regel über 100 Euro kostet, nicht mehr groß. Zwischenzeitlich gab es übrigens den Trend zu »roh« getragenen Jeans ohne viel Trara, was es leichter machte, Ökologie und Mode zu vereinbaren. Doch inzwischen gehe es wieder »wilder« zu, sagen Branchenbeobachter, sprich: die Veredelung wird wieder aufwendiger, und es ist mehr Chemie im Einsatz, um die Hosen möglichst raffiniert aussehen zu lassen.

Trotz manch vorsätzlicher »Zerstörung«, richtig kaputtgehen darf die Hose natürlich nicht. Gerade Jeans sollten robust und haltbar sein und mehrere Jahre im Schrank hängen.

Das gilt selbstverständlich auch für Öko-Jeans. Und dabei geraten Sollbruchstellen wie Knöpfe und Reißverschlüsse ins Visier. Unter den Kunden gibt es etliche, die päpstlicher als der Papst sind, und wer so streng ist, möchte, dass Öko auch bis zur letzten Zutat durchhält. Aber Naturmaterialien, die nicht langlebig sind und damit wahrlich ökologisch, sind keine gute Idee. Ein Praxistest ergab: Holzknöpfe brechen leicht, und der Knopf aus Kokosnussschale an der Eco Levi's übersteht nur wenige Wäschen. Dann ist er offenbar biologisch abgebaut und auf Nimmerwiedersehen verschwunden. Die Firma Levi's war übrigens nicht in der Lage, einen einzigen Ersatzknopf anzubieten, dafür wurde die ganze Hose anstandslos gegen ein neueres Ökomodell getauscht. In diesem Licht betrachtet, muss man abwarten, ob sich etwa Reißverschlüsse aus Recycling-Polyester bewähren und welche Talente unter den Naturmaterialien noch entdeckt werden.

Momentan lohnt eben ein freundlicher, aber durchaus kritischer Blick auf Grenzen und Möglichkeiten der Ökomode. Das gilt auch für Pflanzenfarben, die im Zuge der Generalüberholung des Kleidermachens gerade eine Renaissance erfahren. Einige Öko-Jeans etwa – präziser die Garne dafür – werden mit natürlichem Indigo gefärbt. Manche Denim-Experten behaupten, dass man damit keine Farbkonstanz erzeugen könne. Jede Jeans würde anders aussehen und die Naturfarbe sich zudem schneller auswaschen. Das gelte für Pflanzenfarben allgemein.

Sind das nicht alte Zöpfe und altvertraute Klischees, denen niemand abschwören will? Ein Ortstermin in einer Färberei in Brandenburg, die diese alte Kunst beherrscht, soll Klarheit bringen.

Die Spremberger Tuche sind der letzte Textilveredler in der Region. Eigentlich sollte auch die Tuchfabrik nach der Wende abgewickelt werden, aber Christine Herntier, Chefin des Betriebes mit jahrhundertealter Tradition, lehnte sich auf, nahm einen gewaltigen Kredit auf und passte sich neuen Erfordernissen an. Färbereien waren ja früher Dreckbuden und der »Vorhof zur Hölle«, sagt sie. Damit sei nun aber

Schluss. In Sachen Umweltschutz hätten sie dazugelernt. Mehr noch: Der Trend zur Ökomode hat sie inspiriert. Zudem wusste sie: Wer auf dem Modemarkt überleben will, muss sich was einfallen lassen. Und so kam sie auf die Pflanzenfarben. Inzwischen sind die Spremberger Tuche die erste und einzige Färberei in Deutschland, die im großen Stil Kleiderstoffe mit Pflanzen färbt – also mit Natur pur.

Wer im kleinen Ort Spremberg ankommt – etwas großspurig Perle der Lausitz genannt –, ist leicht versucht, alles als etwas gestrig abzutun, was von hier kommt. Der Ort wirkt schlicht ein wenig spinnwebig. Allerdings hat Christine Herntier ihrer Färberei in der Tuchmacherallee mit den Pflanzenfarben einen erheblichen Frische-Kick verpasst und sichert so über 90 Arbeitsplätze. Im Labor experimentieren sie mit alten Färbepflanzen wie Krapp und Resede, die Bauern auf den Äckern nebenan anbauen. Während der goldgelbe Farbstoff der Resede aus den oberen Pflanzenteilen wie Blättern, Blüten und Stängel gewonnen wird, stammt das rotbraune Pigment des Krapp aus der Wurzel. Aus den zwei Farben Rot und Gelb entwickelten die Spremberger inzwischen mehr als 90 Töne von Rosé bis Anthrazit, von Creme bis Khaki. Jeder neue Farbton braucht ein Vierteljahr Entwicklung, bis die Rezeptur fertig ist. Demnächst wird es auch Blau geben, gewonnen aus dem Strauch Blauholz. Natürlich sind die Farben wasch- und lichtecht.

Gefärbt wurde zunächst nur Wolle, jetzt auch Baumwolle, Leinen, Hanf und sogar Seide. Unter dem Namen Lebens-Stoffe ist die erste komplett ökologische Stoffkollektion zu haben. Die ersten Abnehmer sind schon gefunden.

Hess Natur arbeitete mit den neuen Stoffen, aber auch junge innovative Designer wie Inka Koffke aus Ingolstadt. Auf der »Fashion Week« in Berlin war 2008 eine kleine Kollektion von Modedesign-Studenten der dortigen Hochschule für Mediadesign zu sehen (Wildfang), die sich mit den Färbe-Profis zusammengetan hatten. Da die Spremberger nicht nur Stoffe, sondern auch Garne färben, lassen sich daraus inzwischen über 50 Dessins – vom Glencheck bis zum geblümten Jersey – weben. Denn die Ansprüche an die Stoffauswahl, an Varianten und Muster, sind in der boomenden Ökomode-Branche erheblich gestiegen.

Dass ihre Farbtöne nicht konstant erzeugt werden können und immer ein wenig anders aussehen, weist Christine Herntier weit von sich. Die Rezepturen seien fix und das Knowhow der Färbeleiter sorge dafür, dass die Farbergebnisse nicht schwankten. Den großen Modefirmen fehle manchmal einfach der Modernisierungswillen. Und von blindem Romantizismus und »Zurück zur Natur« ist Herntier weit entfernt. Sie sieht sich als Agentin des Wandels und fühlt sich durchaus fortschrittlich. Ein winziger Anbieter im Bonsai-Format will Herntier nicht bleiben. Sie glaubt an ein Umdenken in der Industrie und daran, dass ihre Pflanzenfarben irgendwann mit zur Normalität einer ökologisch reformierten Branche gehören.

Zugegeben, die Farben führen nicht zu schwerwiegenden Irritationen der Netzhaut wie manche Knallfarben der Saison. Und wenn die Farben auf Wolle in feinen Streifen hauchdünn erscheinen, gehen der feine Rostton aus dem Krapp und das Grüngelb aus der Resede fast ein bisschen unter. Alles sieht dann doch noch ein wenig mausgrau aus. Aber wie schon beschrieben: Mode bringt sicher Farbe ins Leben – manchmal aber auch zu viel davon. Die meisten Textilallergien werden nach wie vor von Farbstoffen oder den dazugehörigen Kopplungsverbesserern ausgelöst, die für die Fixierung der Farben auf dem Gewebe sorgen.

Das pflanzengefärbte Programm Lebens-Stoffe ist demnächst im Online-Shop erhältlich unter www.lebens-stoffe.de. Der Meter kostet zwischen 12 und 50 Euro.

Das mit dem Selberschneidern ist sicher eine gute Idee, denn ein paar frischere Designs und damit mehr Pepp könnte die Ware dringend gebrauchen. Das pflanzengefärbte, etwas traurige Wollkleid, das ich als Muster für die Könnerschaft der Färberei aus Spremberg mitbrachte, verwandelte sich dank meiner Hamburger Schneiderin und Modedesignerin in einen wunderbaren, modischen Rock mit breitem Bündchen, der durchaus das Zeug zum Lieblingsteil hat.

Naturfarben: Was sind Krapp und Resede?

Färber-Resede (Reseda luteola) gehört zu den ältesten Färbepflanzen. Bei den Römern galt Resedagelb als Farbe der Reinheit. Während Resede zunächst nur im Mittelmeergebiet angebaut wurde, eroberte die Pflanze später auch Europa und Deutschland. Der Anbau verlor jedoch Anfang des 20. Jahrhunderts rapide an Bedeutung, nachdem künstliche Farbstoffe erzeugt werden konnten. In früheren Zeiten galt die gelbfärbende Pflanze als gute heimische Alternative zum teuren Safran. Sie enthält in den Blüten, Blättern und geringer in den Stängeln den gelben Farbstoff Luteolin. Seit neuestem erlebt das Färben mit Resede eine Renaissance. Angebaut wird vor allem auf den sandigen Böden Brandenburgs.

Krapp, auch Färber-Röte genannt (Rubia Tinctorum), ist seit der Antike bekannt und enthält den Farbstoff Alizarin. Im antiken Griechenland galt Rot als Farbe der Männlichkeit, des Mutes und des Krieges. Die Römer verwendeten den roten Farbstoff als Ersatz für das wesentlich teurere, aus Purpurschnecken gewonnene Purpur. Große Berühmtheit erlangte das Färbeverfahren der Türken, die ein besonders feuriges Rot erreichten.

Das Rot der Krappwurzel ist eine der schönsten und haltbarsten Pflanzenfarben. Der größte Farbstoffanteil befindet sich in der inneren Wurzelrinde und ist frisch noch stark gelb. Der rote Farbton bildet sich erst beim Trocknen.

Teil 4 –
DIE ZUKUNFT

Kapitel 14

Experimentierfreude gewünscht:
Die anderen Naturfasern

Morgen tragen wir womöglich Kleider aus Ananasblättern und Schuhe aus Kokosnussfasern. Ein Plädoyer für mehr Vielfalt und mehr Innovationen in der Modebranche. Welche Alternativen haben eine Chance?

Was wir in Zukunft tragen, hat die französische Sängerin France Gall schon 1968 gewusst:

»Drei Apfelsinen im Haar und an den Hüften Bananen, trägt Rosita seit heut zu ihrem Kokosnusskleid.

Ja sicher noch dieses Jahr, das kann man heute schon ahnen, trägt die modische Welt, was Rosita gefällt.«

Obst und Gemüse sind nicht nur gesund, sie sind auch Rohstoffe für umweltfreundliche Mode. Das war in vielen ärmeren Ländern schon immer so, kommt jetzt aber auch bei Kunden in Europa gut an.

Schon heute wird Seide von der bretonischen Firma Les Racines du Ciel mit einer Paste aus Süßkartoffeln überzogen und in die Erde eingegraben, um eine dunkle Tönung zu erreichen. Durch die Kartoffelpaste wird die Seide zudem wasserabweisend, kann aber Körperfeuchtigkeit durchlassen. Auch die Ananas kann zur Herstellung von Kleidung dienen. Unter dem Namen Pina Cloth gibt es etwa Röcke, die aus den faserigen Blättern der Ananaspflanze hergestellt werden. Die Idee stammt von den Philippinen, wo man traditionell Hemden und Hosen aus Ananasblättern fertigt. Und auch die Kokosnüsse finden schon Absatz. Der britische Ökoschuh-Designer Steven Segal, Gründer der Firma Po-Zu, formt aus den Fasern der Kokosnuss das Fußbett für seine Öko-Treter, und aus organischem Kokosnussöl gewinnt er eine essbare Schuhcreme, die er seinen Kunden auch gerne mal auf Cracker geschmiert als Canapé anbietet. Was künftig noch so im Schrank hängen könnte, zeigte eine Ökomodenschau zum Auftakt der New Yorker Modewoche Ende 2008. Schwärmerisch beschrieb der Moderator dort futuristische Kleidung aus »Seegras und Sägespänen«.

In der Praxis und vor allem auch in den Läden sind diese futuristischen Idden zwar noch nicht angekommen, doch versprechen sie eine künftige Vielfalt, die der grünen Mode momentan noch dringend fehlt. Dieser Mangel an Fantasie eint die junge Branche mit ihrem konventionellen Pendant. Im Prinzip gilt momentan: Die eine Hälfte unserer Kleidung wird aus der Naturfaser Baumwolle hergestellt, die andere aus der Kunstfaser Polyester. Andere Fasern spielen nur eine untergeordnete Rolle. Baumwolle und Polyester sind also quasi Monopolisten. Die Konzentration auf weniges hat aber noch jedem Markt geschadet. Sollten wir davon also nicht wegkommen?

Der Markt für grüne Mode marschiert bislang stramm in dieselbe Richtung: Die meiste Kleidung ist aus Biobaumwolle, denn diese Faser ist das Material der Stunde. Andere Pflanzenfasern wie Hanf, Nessel oder Leinen (aus Flachs), die sogar hierzulande angebaut werden können, fristen ein Nischendasein. Wer von uns wüsste eigentlich noch, was wir anhätten, wenn wir nur das tragen könnten, was aus heimischen Pflanzen hergestellt wurde? Ein bisschen mehr Regionalität, die bei Lebensmitteln gerade wieder im Kommen ist, wäre auch für die Kleidung wünschenswert. Der Ort, von dem etwas stammt, spielt nämlich für die Wertschätzung von Produkten oft eine große Rolle – bei der Milch aus der nahe gelegenen Molkerei genauso wie bei der Nesselfaser aus Schleswig-Holstein. Warum soll man eigentlich kein Hemd von nebenan tragen? Etwas Besonderes ist das auf jeden Fall!

Die Reduktion auf weniges gilt nicht nur für Pflanzenfasern, sondern auch für tierische Textilrohstoffe. Wolle, Kaschmir und Seide fallen auch bei der Ökomode mengenmäßig kaum ins Gewicht. Dabei ist die Ware, die mit dem Kürzel kbT für kontrolliert biologische Tierhaltung gekennzeichnet ist, eine gute Alternative und dringend nötig, wenn wir im Winter nicht frieren wollen. Biowolle etwa stammt von Schafen und das edlere Biokaschmir von Ziegen, die auf Naturweiden grasen. Die Tiere werden nicht vorbeugend mit Antibiotika traktiert, um sie gesund zu halten, und bei Parasitenbefall nicht durch Bäder von Chemie geführt. Auch die Verarbeitung erfolgt schadstofffrei, und die Rohware wird vor dem Transport nicht mit Insektiziden besprüht, um etwa

Mottenbefall zu verhindern. Für Tierschützer ist gerade Seide ein Tabu, denn normalerweise wird die Seidenraupe durch Abkochen getötet, um die Fäden aus dem Kokon zu gewinnen. Bei Ökoseide bleibt die Raupe am Leben. Manche nennen sie deshalb auch »Veganer-Seide«.

In einem der vorherigen Kapitel habe ich etwas süffisant beschrieben, dass der neue Kreativdirektor von Hess Natur seine Modelle mit Alpaka (Kamelhaaren) oder gar Pferdehaaren umhüllt hat, um auf den Reichtum aufmerksam zu machen, den die Natur uns geschenkt hat. Recht hat er. Natürlich wollen wir in Zukunft mehr in unserem Kleiderschrank sehen, als nur sauber und sozialverträglich hergestellte Baumwolle. Es wäre sehr zu wünschen, dass die Branche insgesamt auf mehr Vielfalt setzt und durchaus etwas mehr und etwas mutiger experimentiert. Warum nicht ein bisschen mehr Exzentrik wagen? Wer will schon als Designer immer zur Herde gehören? Hier wünschte man sich deutlich mehr Mut, auch einmal aus dem allgemeinen Trend auszuscheren und es mit anderen Materialien zu versuchen. Zu gewinnen wäre dabei sicher auch eine stärkere ästhetische und funktionale Differenzierung der Kleidung, was die Kunden erfreuen würde und den Markt insgesamt robuster werden ließe. Ein Orchester lebt ja auch nicht nur von einem Instrument. Tatsache ist: Biobaumwolle allein kann unseren Bedarf an Fasern niemals decken. Es gilt also, andere Talente zu entdecken.

Eine künftige Karriere auf den Laufstegen wird vor allem dem Hanf vorausgesagt. Aus der Faser fertigt man schon heute Basics wie T-Shirts und Unterwäsche, aber auch Kleider oder die Oberteile von Schuhen. Hanf wächst schnell und wird schon nach rund 100 Tagen geerntet, wenn der Stängel drei Meter hoch ist. Die Pflanze ist recht genügsam, braucht sehr wenig Wasser, und der Faserertrag ist wesentlich höher als bei Baumwolle oder Flachs. Hanf wird derzeit vor allem in Osteuropa (Rumänien, Ungarn) und China angebaut, gesponnen und zu Kleidung verarbeitet. Das Spinnen des Garns ist allerdings recht mühsam, was den Hanf immer wieder in Misskredit brachte. Zudem gilt Hanf als Drogenpflanze, obwohl die für Textilien genutzte Sorte kaum etwas der psychoaktiven Substanz enthält, die andere in der Pfeife rauchen, um sich zu berauschen. Der Anbau ist in vielen Ländern, darunter den USA, trotzdem bis heute verboten.

Weitaus exotischer ist Ramie, auch Chinagras genannt, das mit Leinen, Jute und Hanf verwandt ist. Bereits nach sechs Wochen sind die ersten grünen Stängel der bis zu zwei Meter hohen Faserpflanze verwendbar. Hauptanbauländer sind neben China die Philippinen, Indonesien, Japan und Brasilien. Da Ramiefasern besonders stark zusammenkleben, sind sie nur schwer zu gewinnen, was Ramie vergleichsweise teuer macht. Dabei besitzt die Faser eine hohe Festigkeit und ist extrem reißfest. Meist wird Ramie heute gemeinsam mit Chemiefasern versponnen. So gemischt wird auch das hibiskusähnliche Kenaf eingesetzt, das in Afrika heimisch ist. Derzeit landet es aber meistens noch im Zigarettenpapier und nicht in Textilien.

Als Geheimtipp nennen Experten derzeit Kapokfrüchte, auch Pflanzendaunen genannt. Kapok ist ein tropischer Baum, der vor allem in Indonesien wild wächst und aus dessen Früchten sich sehr lange und extrem leichte Fasern gewinnen lassen. Der Baum wird also nicht gefällt, sondern verspricht den Regenwaldbewohnern eine zusätzliche Einnahmequelle, wenn sie die Früchte an Garnspinner verkaufen. Lange Zeit wurde Kapok nur zur Füllung von Schwimmwesten, Rettungsringen, Matratzen und als Polstermaterial verwendet. Inzwischen wird mit einem neu entwickelten Verfahren Kleidung aus Baumwoll-Kapok-Mischgarnen hergestellt. Die Firma Maschentex aus Dietenheim beliefert mit ihrer grünen Ware nicht nur das kleine Berliner Trendlabel Slowmo, sondern auch den Moderiesen Hugo Boss, der aus einem Biobaumwolle-Kapok-Gemisch Polos herstellt. Die Kapokfaser ist sehr fein und sehr lang, sie lässt sich deshalb gut verspinnen.

Bei aller Begeisterung für die Idee der Vielfalt gilt es natürlich immer, die Ökobilanz der Newcomer im Auge zu behalten. Denn manche Produkte sind auch zweifelhaft. So stillen einige Firmen und Kunden ihren Hunger nach neuen Fasern nun mit Mais oder Bambus.

Wie es die Firma NatureWorks – eine Fusion des US-Agrarmultis Cargill und des japanischen Kunstfaserspezialisten Tejjin – geschafft hat, langweiligem Mais unter dem Markennamen Ingeo eine neue Karriere zu bescheren, ist beeindruckend. Aus der Maisstärke wird in einem industriellen Prozess ein Biopolymer gewonnen, das sich wie eine Kunstfaser spinnen lässt – aber eben nicht auf Erdöl basiert, sondern auf einem nachwachsenden Rohstoff. Das ökologische Manko dabei ist jedoch, dass der Mais in aufwendig gepäppelten Monokulturen in den USA angebaut wird.

Obendrein enthält das Produkt vermutlich zu einem hohen Prozentsatz Genmais, der in den USA mengenmäßig dominiert. Da die Ernten nicht getrennt werden, kann niemand sagen, welcher Mais für Ingeo (Ingredients of the earth) eigentlich verarbeitet wird. Die Firma hüllt sich dazu in Schweigen, was erheblichen Argwohn bei Kritikern schürt. Wer also auf genetisch veränderte Lebensmittel verzichtet, ist auch bei Kleidung aus Ingeo nicht gut aufgehoben. Der Gentechnik-Vorbehalt gilt übrigens auch für Sojafasern, die schon in Kleidungsstücken landen. Der größte Teil der Soja weltweit ist gentechnisch verändert.

Kummer bereitet Landwirtschaftsexperten und Kleiderspezialisten auch der Siegeszug von Bambus, der etwas voreilig als die neue Wolle gefeiert wurde. »Bei diesem neuen grünen Darling hissen Umweltschützer die rote Flagge«, schrieb treffend ein kanadischer Journalist, weil für Bambusplantagen angeblich Wälder fielen. Nahezu der gesamte Bambus kommt aus China, detaillierte Informationen über den Anbau fehlen. Grundsätzlich lassen sich zwei Arten von Bambusfasern unterscheiden: Natürlicher Bambus kann ohne Chemie direkt aus der Pflanze gewonnen werden. Das passiert allerdings selten. Häufiger ist sogenannter Viskose-Bambus, praktisch eine Chemiefaser. Dabei dient der Bambus nur als Holzersatz und liefert den Rohstoff für Zellulose, die dann unter ausgiebigem Einsatz von Chemie herausgekocht wird. Bambus ist zwar ein nachwachsender Rohstoff, gilt wegen dieses industriellen Prozesses aber dennoch als Chemiefaser. Von Natur pur keine Spur.

Hier ist also klassische Aufklärungsarbeit nötig, damit die

Kunden Bambus nicht irrtümlich für eine Naturfaser halten. Das gilt auch für die bekannten Zellulosefasern, die unter den Markennamen Tencel und Modal vertrieben werden und sich steigender Popularität erfreuen. Wegweisend bei der Entwicklung dieser Hightech-Fasern ist der österreichische Hersteller Lenzing. Modal von Lenzing wird aus Buchenholz gewonnen. Die Hälfte des Holzes stammt aus Österreich, der Rest aus Nachbarländern. Raubbauholz ist es also nicht. Allerdings ist weiterhin viel Chemie nötig, um die Zellulose aus dem Buchenholz zu lösen. Interessanter und umweltfreundlicher ist deshalb das erst einige Jahre alte Tencel, das aus Eukalyptusholz hergestellt wird. Die Bäume wachsen auf Plantagen in Südafrika. Um die Zellulose aus dem Eukalyptus zu lösen, entwickelte Lenzing ein völlig neues Verfahren, das viele Umweltpreise bekommen hat. Mittels eines neuartigen – ungiftigen – Lösungsmittels wird die Zellulose direkt aus dem Holz gelöst. Das Lösungsmittel lässt sich überdies fast komplett wiederverwenden. Tatsache ist allerdings auch, dass die seidenähnlichen optimierten Fasern fast nie pur verarbeitet werden, sondern gemischt mit anderen herkömmlichen Kunstfasern, die aus dem nicht erneuerbaren Rohstoff Erdöl gewonnen werden.

Alle Kunstfasern, auch Synthetics genannt, per se zu verteufeln, wäre aber falsch. Grundsätzlich lassen die sich nämlich ebenso sauber verarbeiten wie Naturfasern. Doch dem Irrglauben, dass umweltverträgliche Kleidung immer aus Naturfasern bestehen muss, will kaum jemand abschwören. Darum wird es im nächsten Kapitel gehen.

Hanf-Couture: erst noch im Kommen

Seit 1996 ist der Anbau von Hanf in Deutschland wieder erlaubt. Bis dahin war er durch das Betäubungsmittelgesetz verboten. Man fürchtete, dass statt des Nutzhanfs der Medizinalhanf – Rohstoff für die Droge Haschisch – angepflanzt würde. Zum Einsatz kommen vor allem die Fasern: In der Dämmstoffindustrie dienen sie als Ersatz für Glas- oder Steinwolle, in der Automobilindustrie als Verkleidung von Türen und Kofferräumen. Die Textilindustrie nutzt die festen Fasern hierzulande vor allem als Rohstoff für Kissen, Matratzen und Steppdecken. Inzwischen ist zwar auch ein Verfahren entwickelt, mit dem die Faser so fein gemacht wird, dass sie auf herkömmlichen Spinnmaschinen zu glänzenden Garnen verarbeitet werden kann, aber die Hanfkleidung, die bei uns verkauft wird, stammt so gut wie nie aus deutschem Anbau und deutscher Verarbeitung. Dabei hat Hanfkleidung eine ruhmreiche Vergangenheit in Deutschland. Seit 500 vor Christus bei Germanen und Kelten bekannt, wurde Hanf bereits ab dem 3. Jahrhundert angebaut und später auch zu Textilien verarbeitet. Der Naturfaser Hanf wird durch den Ökoboom in der Mode eine große Zukunft prophezeit: Die Pflanze ist unempfindlich gegen Insekten, sodass keinerlei Pestizide gespritzt werden müssen. Außerdem wächst Hanf so schnell, dass auch keine Herbizide gegen Unkräuter nötig sind. Die Pflanze ist also wahrhaft naturrein, wenn sie geerntet wird.

Kapitel 15

Die Evolution der Kunstfasern

Jede zweite Textilfaser ist heute ein Produkt der Petrochemie. Doch die Bilanz von Kunstfasern kann sich durchaus sehen lassen – nicht zuletzt, weil sie kreislauffähig sind und sich gut recyceln lassen.

Gut die Hälfte aller Fasern für Kleidung stammt gegenwärtig aus der Chemiefabrik. Es wäre also illusorisch anzunehmen, dass nur ökooptimierte Naturfasern den jährlichen Bedarf von über 70 Millionen Tonnen Fasern decken werden. Da Kunstfasern aber aus dem nicht erneuerbaren Rohstoff Erdöl bestehen, gibt es gewaltige Vorbehalte in der Ökomode-Szene gegen diese Produkte.

Synthetics generell zu verteufeln, wäre aber falsch. Niemand ist für riesige Monokulturen an Bioanbau oder dafür, dass für den Hanfanbau Naturschutzgebiete oder ökologisch wertvolle Brachflächen, die als Rückzugsgebiete für viele Arten dienen, geopfert werden. Dazu kommt, dass die fruchtbaren Flächen der Erde begrenzt sind. Und angesichts der weltweit steigenden Lebensmittelpreise, die in manchen

Regionen schon zu Hungersnöten führen, sollte all das beim Anbau Vorrang haben, was auf dem Teller landen kann.

Deshalb lohnt ein Blick auf die vielgeschmähten Synthetics, denn die schneiden in der Ökobilanz gar nicht so übel ab. Sowohl aus Chemiefasern als auch aus Naturfasern – da sind sich die Experten einig – lässt sich Bekleidung herstellen, die hohen ökologischen Ansprüchen genügt. Bei beiden Materialien gibt es Spielraum, die Produktion umweltverträglicher zu machen. Prinzipiell lassen sich beide Rohstoffarten sauber verarbeiten. Dass man bei Biobaumwolle auf den ausgiebigen Einsatz von Kunstdünger und Pestiziden verzichten kann, habe ich schon beschrieben. Problematisch bleibt der hohe Wasserverbrauch, der im Vergleich zu Kunstfasern das 25-fache betragen kann.

Verglichen mit Baumwolle sparen Synthetics also viel Wasser. Ökologisches Manko bleibt – neben den Umweltschäden der Rohölproduktion – der Energieverbrauch der Chemiefasern. So ergibt sich für das Erzeugen der Kunstfaser Polyester ein doppelt so hoher Energieverbrauch wie bei der Baumwollerzeugung. Diese Zahlen gelten allerdings nur für die Herstellung der Fasern – ihre Weiterverarbeitung zu Stoffen und Kleidung, also das Spinnen, Weben, Stricken, Färben, Bedrucken und Ausrüsten, erfordert bei Baumwolle und Polyester annähernd gleich viele Ressourcen. Und für die Gebrauchsphase gilt, dass Kleidung aus Synthetics meist weniger heiß gewaschen wird und kaum gebügelt werden muss – das spart Energie und trägt, betrachtet man den gesamten Lebenszyklus, zu einer positiven Bilanz von Synthetics bei.

Die mit Abstand wichtigste Kunstfaser ist Polyester. Chemisch gesehen handelt es sich dabei um lange Ketten des Moleküls Polyethylenterephthalat, das auch in PET-Flaschen steckt. Deshalb werden – der Trend wird noch näher zu beschreiben sein – neuerdings auch PET-Flaschen recycelt und zu Kleidung verarbeitet. In Fasern verwandelt sich das Plastikmaterial, indem es geschmolzen und dann durch haarfeine Düsen gepresst wird.

Polyesterstoffe ökologisch zu optimieren, wurde schon mehrfach versucht. Als wesentliches Problem stellte sich der Katalysator heraus, ein Reaktionsbeschleuniger, der bewirkt, dass sich die einzelnen Bausteine zu den gewünschten langen Ketten verbinden. Der Katalysator enthält krebserregendes Antimon, das sich auch im fertigen Produkt wiederfindet. Deshalb gilt es, unbedenkliche Alternativen zu entwickeln, oder aber strikte Grenzwerte einzuhalten. Wurde Antimon ursprünglich eingesetzt, steckt es natürlich auch in Recyclingprodukten – einige Kritiker führen deshalb den Antimongehalt gegen das Recycling von Plastik ins Feld.

Auch das schweizerisch-deutsche Unternehmen Bluesign, das angetreten ist, die Hestellung von Synthetik-Textilien sauberer zu machen, hat versucht, antimonfreie Fasern auf dem Markt zu etablieren – leider erfolglos. Nun ermuntert man Textilfirmen, wenigstens strenge Grenzwerte einzuhalten. Das Prinzip von Bluesign ist einfach: Die Beratungsfirma hilft Textilfirmen, ihre Produkte möglichst umweltverträglich herzustellen. Zu den Kunden zählen die Outdoorklufthersteller Patagonia, Northface oder Vaude. Das ist kein Wunder, denn Kunstfasern sind in Funktionstextilien unverzichtbar. Kein Rennsportler steigt aufs Rad in Baumwollwäsche, die ihm nach den ersten Kilometern auf dem Leib klebt. Das gilt natürlich auch für Freizeitsportler wie z. B. Bergsteiger. Folgerichtig lassen sich deshalb Firmen wie Patagonia beraten, wie sie ein Mehr an Funktionen nicht mit einem Mehr an Chemie erkaufen müssen und möglichst auch noch Wasser und Energie sparen. Diese Bereitschaft zur ökologischen Reform hat mit dem Selbstverständnis der Branche zu tun: Wer an Kunden verkauft, die gerne raus in die Natur gehen, möchte eben auch besonders naturnah produzieren. Oder einfacher gesagt: »Grün« soll die Ausrüstung sein, mit der man ins Grüne zieht. Und Bluesign unterstützt dabei. Eine gut gefütterte Datenbank – der »bluefinder« – verrät, welche Textilchemikalien erlaubt sind. Blau gekennzeichnete gelten als unbedenklich, »graue« Substanzen durfen nur dann verwendet werden, wenn kein Ersatz möglich ist. Alles, was »schwarz« ist, steht auf dem Index. Herstellern von Bekleidung und Veredlern dient diese Ampelkennzeichnung als Orientierung. Die Nachfrage wächst, und die kleine, aber sehr innovative Firma, schlüpfte just unter das Dach des weltweit größten Zertifizierers SGS, weil die Aufträge nicht mehr allein zu schaffen waren und man derzeit ein weltweit gültigen Standard für Kunstfasern erarbeitet, der dann die textile Kunststoffwelt begrünen soll. Natürlich ließe sich auch der bislang beste und umfassende Standard, der GOTS (siehe Kapitel 11), auf Kunstfasern erweitern. Aber das ist wohl noch Zukunftsmusik, zu fremd sind sich die Firmen. Zwischen denen, die auf Naturfasern setzen, und denen, die auf Kunstfasern bauen, gibt es tiefe Gräben.

Die Firmen, die Bluesign berät, erweisen sich auch als Vorreiter beim Recycling von Synthetikkleidung. Wegen des hohen Energieeinsatzes ist deren Wiederverwertung aus ökologischer Sicht dringend geboten. Im Vergleich zur Herstellung von neuem Polyester spart Recycling-Polyester rund 76 Prozent der Energie und 71 Prozent der Kohlendioxid-Emissionen.

Tonangebend dabei ist die US-Firma Patagonia, eine der profitabelsten und ökologisch progressivsten Outdoorfirmen der Welt. Vorzeigechef Yvon Chouinard begann mit Ausrüstungszubehör für Bergsteiger, bevor er in die Bekleidungsproduktion einstieg. Patagonia fing schon 1993 damit an, Fleecejacken aus Recycling-Polyester zu fertigen. Die Firma kaufte gebrauchte Plastikflaschen und ließ sie chemisch auftrennen. Dazu wird die chemische Reaktion, die beim Herstellen von Plastik abläuft, umgekehrt, und die Ausgangsstoffe werden wieder freigesetzt. Diese Stoffe lassen sich neu zusammenfügen, spinnen und zu hochwertiger neuer Kleidung verarbeiten. Inzwischen entwickelte man ein Verfahren, das auch diese Recyclingware wiederverwertbar macht. Bis 2010 will Patagonia die gesamte Kollektion aus Recyclingmaterial herstellen.

Rein arithmetisch betrachtet stecken 25 recycelte Plastikflaschen in einer Fleecejacke. So beenden die ausgedienten Trinkbehälter ihr Dasein heute nicht mehr im Müllcontainer, sondern erleben eine zweite Karriere im Kleiderschrank. Als begehrter Rohstoff sind sie aus dem Modegeschäft kaum noch wegzudenken. »Phönix aus der Flasche«, titelte das Magazin *GeoSaison*.

Hört sich doch gut an, oder? Kritiker fragen allerdings, ob es Sinn macht, Millionen und Abermillionen ausgedienter Plastikflaschen nach Asien zu verschiffen, sie recyceln zu lassen und dann zurückzuverfrachten. Nur um die Kleidung daraus zu überteuerten Preisen europäischen Kunden anzubieten, die auf einen neuen Trend abfahren und es schick finden, Kleidung zu tragen, auf der steht: »Ich war eine Plastikflasche«. Allein nach China werden inzwischen jährlich 100 Millionen schmutzige Plastikflaschen transportiert, um dort wieder zum Wertstoff verarbeitet zu werden.

Geschäftstüchtige Softdrink-Hersteller haben das Potenzial des neuen Trends sofort erkannt. Coca Cola und Wal-Mart fordern US-Kunden auf, möglichst viel Coke aus Plastikflaschen zu trinken, um so etwas Gutes für die Umwelt zu tun. Für zwei Flaschen Cola gibt es ein Recycling-T-Shirt obendrauf. Motto: »Drink2Wear – Trinken und Tragen«. Auf dem T-Shirt selbst ist zu lesen: »Make your plastic fantastic«. Auf Nachfrage musste Coca Cola aber einräumen, dass in den USA momentan weniger als zehn Prozent der eigenen PET-Flaschen tatsächlich recycelt werden. Der Rest landet auf der Mülldeponie.

Klar ist: Hier heizt die Aussicht auf Recycling die Produktion von Abfall an, dabei sollte vor dem Wiederverwerten aus Umweltschutzgründen immer das Vermeiden von Abfall stehen. Angesagt ist genau die Reihenfolge, die der Sänger, Surfstar und Umweltschützer Jack Johnson besingt: »Reduce, Reuse, Recycle«. Der Song ist auf jeden Fall ein gutes Öko-Mantra.

Wirklich besorgniserregend ist jedoch ein Gerücht, das

der britische Branchendienst *Ecotextile News* Anfang 2008 verbreitete. So soll die Nachfrage nach alten PET-Flaschen inzwischen so explodiert sein, dass einfach neue Flaschen benutzt werden, die noch nicht einmal ein erstes Leben hatten, bevor ihnen ein zweites eingehaucht wurde. Auf Nachfrage gaben Unternehmen wie Adidas, die auf Recyclingmaterial etwa in Schuhen setzen, allerdings an, sie verfolgten die Vorgeschichte ihrer Flaschen genau. Ein schales Gefühl bleibt dennoch.

Besser und wahrlich progressiv ist es deshalb, neue – leistungsfähige – Kleidung aus alten Kleidungsstücken herzustellen und auf den Wanderzirkus mit den Plastikflaschen zu verzichten. Und genau in diese Richtung entwickelte Patagonia das Recycling-Konzept weiter. Die US-Firma nimmt in ihren Geschäften abgetragene Sachen zurück und sorgt für Wiederverwertung – sogar die Anoraks, Fleecejacken oder Schuhe von Konkurrenten werden akzeptiert. Das Konzept ist überzeugend, die Rücklaufquoten aber offenbar noch gering. Angaben dazu waren von Patagonia nicht zu bekommen. Wenig erfolgreich war auch der Outdoor-Ausrüster Vaude, der ebenfalls die Rücknahme anbietet.

Dabei werden die Altkleider dort sicher nicht downgecycelt – also zu minderwertigen Produkten umgewandelt wie bei anderen Herstellern. Beispiel Nike: 2007 begann man hier mit dem Recycling (»Reuse a shoe«). Doch die gebrauchten Sportschuhe werden nur als Rohstoff für Sportböden oder Laufbahnen verwendet. Passenderweise heißt das Granulat »Nike Grind«, was nach unansehnlichen Resten klingt.

Warum also bringen so wenig Kunden ihre ausgedienten Sachen zurück? Möglicherweise ist vielen Verbrauchern der Gedanke immer noch zu fremd, Altkleider in die Läden zurückzutragen. Vielleicht trennen sie sich aber auch einfach nicht so schnell von ihren Windbreakern und Wanderschuhen, weil sie Lieblingsteile sind. Und damit wäre das wichtigste Kriterium für ökologische Kleidung erfüllt: Langlebigkeit. Der Trend geht allerdings in eine andere Richtung. Fashion-Schnelldreher, auch Mode-DJs genannt, werfen in immer kürzeren Abständen neue Kollektionen auf den Markt. Die Kunden gewöhnen sich an modische Ex-und-hopp-Klamotten, die man nach kurzer Zeit ohne Bedauern wegwirft, da sie ohnehin kaum etwas gekostet haben. Bei sechs, sieben oder acht Modezyklen pro Jahr wird es schwierig, die Umwelt zu entlasten.

Wahrhaft ökologisch ist es, nicht immer alles neu zu kaufen, sondern die Kleidung möglichst lange zu tragen. Ganz gleich, ob es sich dabei um altgediente Baumwollpullover, Wolljacken oder Polyester-Anoraks handelt. »Brauche ich das wirklich?« ist deshalb vor jedem neuen Kleiderkauf eine gute Frage.

Patagonia: Grüne Outdoorprodukte

Viele bekannten Models, Naomi Campbell und Co., tragen warme Fleece-Jacken von Patagonia und sind bekennende Fans des amerikanischen Vorzeigeunternehmens für ökologisch korrekte und ansehnliche Outdoorkleidung. Das behauptet jedenfalls das Modemagazin *Vogue*. Dabei wollte Firmenchef Yvon Chouinard alles machen, nur keine Mode. Als Kunden schwebten ihm eher Leute vor, die durch die Bergwelt wandern oder in der Wildnis campen – so wie er selbst es gerne tut. Patagonia war in Sachen Ökologie ein Vorreiter der Trekkingbekleidung-Branche. Binnen kürzester Zeit stiegen sie auf Biobaumwolle um und ermunterten Firmen wie Nike oder Timberland, einen ähnlichen Weg einzuschlagen. Mittlerweile verwendet Patagonia für die synthetischen Fasern in ihrer Kleidung Recycling-Plastik aus gebrauchten Softdrink-Flaschen. »Ich war Plastikmüll«, soll im Jahr 2010 jedes ihrer Kleidungsstücke flüstern. Kunden können übrigens ihre ausgemusterte Kleidung an Patagonia zurückgeben, um sie recyceln zu lassen.

Patagonia ist besonders stolz darauf, dass sie seit 1985 Mitglied der Initiative von US-Firmen »1% for the planet« sind, die ein Prozent ihres Umsatzes für Umweltschutzorganisationen spenden. »Erdsteuer« nennt Yvon Chouinard diese Spende.

Im Übrigen fordert der charismatische Firmenchef auch von seinen Kunden, auf Ressourcenschutz zu achten und zu prüfen, was sie wirklich brauchen: »Wir werden die Welt nicht dadurch retten, dass wir jetzt Ökolebensmittel und Ökomode kaufen. Wir werden auch weniger kaufen müssen.«

Kapitel 16

Neue Leitbilder für die Mode

Weniger kaufen, mehr leihen oder tauschen, Umsteigen auf Secondhand-Kleidung. Trends, die in den USA und England schon lange en vogue sind, schwappen erst langsam zu uns herüber.

Was fällt Ihnen beim Stichwort Schnelligkeit ein? Die Rennwagen der Formel Eins? Die hochgedopte Tour de France? Mag sein. Wahrlich hochtourig läuft aber auch die Modebranche. Wöchentlich wechseln die Kollektionen in den Läden, die Modenschauen in Paris, Mailand oder London jagen einander, euphorisch präsentieren Zeitschriften in jeder Ausgabe neue Looks. Drei Wochen dauert es angeblich nur noch vom Entwurfsblock bis zum fertigen Produkt.

Die Kunden wiederum kaufen nach Angaben einer britischen Studie ein Drittel mehr als noch vor einigen Jahren – verglichen wurden die Jahre 2002 bis 2006. Die höchste Konsumrate haben wohlgemerkt Frauen von Anfang 30, die Modemagazine lesen, denn dort wird die Sucht nach immer Neuem gezüchtet.

Warum auch nicht kaufen? Sind doch alles Schnäppchen. Die Preise für Kleidung sinken seit 15 Jahren. Manches neue Leibchen kostet nicht mehr als ein Milchkaffee und ein belegtes Brötchen in der Mittagspause. Und weil es nichts kostet, ist es nichts wert. Affären, die nur eine Nacht dauern, kennen wir. Manche Kleidungsstücke finden wir auch nicht länger sexy. Freitags wird gekauft, was samstags getragen wird. Danach vermodert es im Schrank oder wird gleich ohne Bedauern weggeworfen. Und am nächsten Tag steht man wieder ratlos vor dem Schrank und fragt sich, was man anziehen soll.

Das liegt auch daran, dass die Kleidung, die von den Herstellern auf den Markt geworfen wird, so »stylish« ist, so wenig zeitlos und mit so viel Schnickschnack versehen, dass sie ebenso schnell überholt ist, wie sie angesagt war. Rastlos lauschen die Designer dem Puls der Zeit, und ein Nanotrend jagt den anderen. Manche Designer scheinen zu glauben, ihr Erfolg bemesse sich nur an immer neuen Einfällen. Womöglich fällt es ihnen deshalb schwer, die Sensation des Soliden und Zeitlosen zu erkennen, das man tragen kann, bis es auseinanderfällt.

Klar ist: Die Schnelllebigkeit in der Mode hat natürlich einen Preis, den diejenigen zahlen müssen, die unsere Kleidung herstellen. Eigentlich wissen wir das. Kaum jemand ist noch so dickfellig, dass er nicht ahnt, dass ein T-Shirt, das nur wenige Euro kostet, für wenige Cent pro Stunde irgendwo in einem Sweatshop gefertigt wurde. Wir sind schick, weil andere schuften. Hemmungslos beuten wir Land und Leute aus. Aber das Wissen darüber, unter welchen knochenharten Bedingungen Kleidung gemacht wird, hat erstaunlicherweise bislang nicht zu weniger Konsum und besseren Bedingungen in den Produktionsstätten geführt. Im Gegenteil. Kontrolleure, die seit Jahren Fabriken in Asien besuchen, berichten über eine Abwärtsspirale und über nicht bessere, sondern noch drückendere Bedingungen in den Betrieben. Die überwiegend jungen Frauen, die dort beschäftigt sind, müssen extrem viele Überstunden machen, und der Akkord wird weiter hochgetrieben. In sogenannten Loyalitätszeiten wird vor und nach der Schicht weitergeschuftet, ohne dass das bezahlt wird. Mit anderen Worten: Die soziale Qualität unserer Kleidung sackt weiter ins Bodenlose.

Zeit also, umzudenken. Die Gründe, warum wir unsere Liebesaffäre mit billiger Mode beenden sollten, liegen auf der Hand. Unser Appetit auf immer Neues ist ein Öko-Desaster. Das gilt bei Kleidung umso mehr, weil es nicht – wie etwa bei Lebensmitteln – mit dem Bezahlen aufhört und mit dem Verzehr erledigt ist. Man muss im Kopf haben, was mit der Kleidung passiert, wenn sie nicht mehr getragen wird. Schon jetzt laufen die Deponien über. Das liegt daran, dass trotz der vielen Altkleidercontainer immer noch ein nennenswerter Anteil von Kleidung im Müll landet. Jährlich sortieren allein die Deutschen zwischen 600 000 und 700 000 Tonnen Textilien aus, doppelt so viel wie noch vor 14 Jahren. Die Menge entspricht etwa 40 000 vollgepackten Lkw. Es klingt banal, aber bei der Kleidung tragen wir auch Verantwortung für das Danach.

Ich habe schon beschrieben, dass man durch bewussteren Konsum zum Wandel beitragen und mit dem Umsteigen auf grüne Mode für weniger Gift und mehr Gerechtigkeit in der textilen Welt sorgen und gleichzeitig gut aussehen kann. Tatsache ist jedoch: Ökomode bringt zwar eine riesige Verbesserung, aber die gewaltige Menge an Kleidung, die wir gegenwärtig kaufen, lässt sich nicht ökologisch verträglich herstellen. Um das Problem zu lösen, müssen wir auch Leitbilder in der Mode verändern. Gefragt sind Ideen, die die Welt der Mode entschleunigen, unseren exzessiven Konsum stoppen und am Ende unsere Mülldeponien entlasten. Das hat nichts mit Askese zu tun, sondern vielmehr damit, unnützen Ballast abzuwerfen. Und sicher auch damit, sich abseits ausgetretener Pfade zu bewegen und interessante neue Wege zu beschreiten.

Dieser Umbruch deutet sich in anderen Ländern schon an. Trends wie das Tragen von Secondhand-Klamotten, das Leihen, Tauschen und Spenden von Kleidung, das Schneidern oder Re-Designen sind in den USA oder England schon en vogue und schwappen langsam zu uns herüber. Manches wird dann sprachlich etwas aufgewertet. Vintage etwa bezeichnet im strengen Sinne eigentlich Entwürfe älteren Datums, dient neuerdings aber dazu, auch Kleidung zu adeln, die nicht aus dem letzten Jahrhundert, sondern nur aus der letzten Saison stammt. Etwas Wortgeklingel gehört offenbar dazu, um neue Ideen zu verkaufen.

Wohlgemerkt sagt dort niemand: »Kauft nichts mehr!« Es ist klar, dass die Mehrzahl der Frauen nicht bereit ist, ihren Kleiderkonsum zu reduzieren. Gesucht und gefunden wurden aber andere Wege, um die Lust am Neuen zu befriedigen. Und das geht sicher auch hierzulande.

Ein simples »Lasst das!« würde zudem verkennen, was Mode bedeutet. Denn Kleidung ist ja nicht nur eine schützende und wärmende Hülle, sondern auch eine Eintrittskarte in die Gesellschaft und vor allem eine Möglichkeit, sich auszudrücken und von Zeit zu Zeit zu verändern. Die Lust, sich zu verkleiden, hat ja auch etwas Kindliches. Wer hatte nicht als Kind eine Verkleidungskiste, einen unerschöpflichen Fundus an alten Hüten, Schals und Kleidern, mit denen man mal ein bunter Schmetterling, mal eine unnahbare Eisprinzessin und mal ein glamouröses Starlet sein konnte? Das wollen wir offenbar auch noch als Erwachsene. Es geht also um einen Frische-Kick und ein schnelles Stück Abwechslung. Möbel oder Autos aber kauft man nicht so schnell neu. Bei Kleidung dagegen ist der finanzielle Aufwand begrenzt und die Verwandlung mit dem Umziehen sofort erreicht.

Es fragt sich jedoch, ob sich dieser Effekt einzig mit dem Einkaufen immer neuer Sachen erreichen lässt. Genau das wage ich zu bezweifeln. In den USA, in England aber auch in Skandinavien gibt es längst zahllose Secondhand-Läden, deren Erfolg sich aus der Lust am Wandel speist. Man kauft gut erhaltene getragene Sachen, mixt sie mit Neuem und bringt sie dann zurück. Das spart Geld und Ressourcen. Einige große Modehändler haben das bereits begriffen. American Apparel hat eigene Läden, wo es lang vergriffene Klassiker aus zweiter Hand gibt. Das schwedische Modeunternehmen Filippa K. eröffnete während der Stockholm »Fashion Week« Anfang Juli 2008 einen Secondhand-Shop für Filippa K.-Kleidung – nur zwei Türen entfernt von ihrem Flagshipstore auf der Hornsgatan. Anders als in einem Outlet, wo man das Gefühl hat, nur übrig gebliebene Kleidung, die keiner haben will, zu bekommen, gibt es hier neben Altgedientem sogar Einzelstücke. Samples, die nie in Produktion gingen, weil sie zu aufwendig verarbeitet waren oder weil die Farben nicht in die Kollektion passten. Der Laden führt auch alten Schmuck, Sonnenbrillen und Taschen, die sich mit modernen Sachen gut kombinieren lassen. Letztendlich leiden die Modeunternehmen ja selbst unter dem Druck, ständig das Rad neu erfinden zu müssen. »Wir finden es gut, wenn unsere Kunden die Sachen länger als eine Saison tragen«, bestätigt Anders Ardehed, Verkaufsdirektor von Filippa K. Die Sache mit den getragenen Sachen hat einen solchen Drive bekommen, dass selbst die britische Hochglanzgazette *Harper's Bazaar* sich traut, Frauen als Stil-Ikonen vorzustellen, die secondhand kaufen – entweder im Laden oder im Internet, wo solche Stores ebenfalls boomen. Umgekehrt kann man diese Adressen nutzen, um selbst Sachen abzugeben und noch ein Geschäft damit zu machen. In einem Einkaufsführer der Hamburger Straßenzeitung *Hinz&Kunzt* zur grünen Mode, den Autor Fred Grimm und ich als Gastredakteure betreuten, war klar, dass neben Giganten wie H&M oder C&A auch die vielen kleinen Secondhand-Läden nicht fehlen durften, die die Hansestadt bietet.

Die Modemagazine hierzulande sind allerdings noch weit von dieser Einsicht entfernt. Langjährige Redakteurinnen klagen darüber, dass sie nur Handlanger der Modebranche sind. Wer eine Anzeige im Blatt schaltet, erpresst damit gleichzeitig auch, dass die Sachen zusätzlich in üppigen

Bildstrecken gezeigt und entsprechend gelobt werden. Und so wird die Sucht nach dem Neuen gezündet und ständig weiter angeheizt.

Über die Hintergründe dieser Mode, wer sie entwirft oder gar darüber, wie und wo sie produziert wird, erfahren wir dagegen nichts. Dabei könnten die Modezeitschriften eine Schlüsselrolle bei der fälligen Generalüberholung der Modewelt spielen. Der Versuch, mit der Chefin der deutschen *Vogue* über neue Leitbilder in der Mode zu sprechen, scheiterte allerdings. Nicht nur aus Temingründen, sondern auch, weil die Pressefrau der *Vogue* mir, wie es schien, von oben herab und recht mitleidig erklärte, dass ich offenbar nicht verstanden hätte, dass die *Vogue* ein »Luxustitel« sei. Secondhand-Mode passe nicht dazu. Die Chefredakteurin der englischen *Vogue* erklärte dagegen in einem Editorial wacker, die Zeit sei reif, alte Sachen wieder hervorzuholen und nicht immer alles wegzuwerfen. Ein wenig Nachhilfe für die deutschen *Vogue*-Macherinnen wäre wünschenswert!

Auch das Magazin *Stern* hält alte Klamotten für den neuesten Schrei – und dreht die Idee sogar noch weiter. Unter dem Titel »Feines Flickwerk« erschien im Herbst 2008 eine Geschichte über Designer, die mit geübten Griffen die Ständer voller abgelegter Kleider in Berliner Secondhand-Läden durchstöbern. Ihr Jagdtrieb gilt Stücken, die Logos von Yves Saint Laurent oder Chanel im Innenfutter tragen. Diese Designer schneidern aus gebrauchter Luxusmode Unikate und bezeichnen sich selbst als Thirdhand-Couturiers. Sie machen sicher keine Mode für Ökofans, sondern für Leute, die sich mit individueller Mode abheben wollen – die Idee stammt übrigens von einem Pariser Künstlerkollektiv, das bereits 2002 mit flippiger, greller Dritthand-Mode auf sich aufmerksam machte.

Es braucht also offenbar eine Infusion von Kreativität und Glamour, um die Mode aus zweiter Hand attraktiv zu machen.

Das zeigt sich auch bei einem anderen Trend, der unsere Lust, etwas neu zu haben, nachhaltig befriedigen kann – die alte Kulturtechnik des Tauschens. Die Hollywood-Schauspielerin Lindsay Lohan verwandelte sich im Juni 2008 in die ungekrönte Königin des Tauschens und wurde Schirmherrin des Londoner Visa Swap, der größten und erfolgreichsten Tauschaktion, die es je gab. Die Kreditkartenfirma Visa, die offenbar gerne mit dem Thema »schuldenfrei einkaufen« verbunden werden möchte, mietete für drei Wochen einen Laden in der Londoner Innenstadt und forderte die Londonerinnen – und einige Berühmtheiten – auf, ihre alten Sachen abzugeben und sich dafür auf einer Visa-Karte Punkte gutschreiben zu lassen. Für ein Top gab es 20 Punkte, 100 für einen Mantel, 250 für eine Designer-Handtasche. Treffendes Motto: Mit gebrauchter Kleidung lässt sich punkten. Schließlich öffnete die Tauschbörse an einem Wochenende erneut die Pforten, und man konnte sein gesammeltes Punktguthaben beim Erwerb ausrangierter Klamotten verprassen. Ohne einen einzigen Cent zu zahlen! Probleme, an geeignete Ware heranzukommen, hatten die Macher nicht. Sage und schreibe über 12 700 Kleidungsstücke hingen auf den Ständern. Was zu verschlissen war oder nicht wegging, wurde an TRAID gespendet (abgekürzt aus: Textile Recycling for Aid and International Development) und erhielt auf diesem Weg ein zweites Leben. Es war ein phänomenaler Erfolg. Womöglich auch deshalb, weil die Leute in wirtschaftlich harten Zeiten den Gürtel ein wenig enger schnallen müssen, aber wohl auch, weil es eine ausreichend kritische Masse an Kleidung in allen Größen und Farben gab, die gleichermaßen für bleistiftdünne wie für füllige Frauen interessant waren.

Der erste Visa-Swap-Shop in Berlin im April 2008 sammelte dagegen nur 1500 Kleidungsstücke von 270 Tauschwilligen. Der Hit waren die Designer-Teile von Prominenten, die versteckt zwischen den Jacken, Blusen und Mänteln hingen. So gab es eine rote Lederjacke von Schauspielerin Franka Potente oder ein Boss-Kleid von ihrer Kollegin Jessica Schwarz zu ergattern. Nicht getauschte Stücke gingen an die Hilfsorganisation Oxfam. Wenn auch der erste deutsche Swap Shop noch etwas mager ausgestattet war, half er aber der Idee auch hierzulande aus den Kinderschuhen.

Natürlich funktionieren Tauschpartys auch im privaten Kreis. Das Manko ist das reduzierte Angebot, wie ich selbst bei der Organisation der ersten Events dieser Art erlebte. Mindestens fünf Frauen mit je zehn Teilen sind ein absolutes Muss! Anderenfalls fehlt der Reiz. Überraschend war, dass eigentlich jeder von uns verborgene Schätze besitzt. Wir kaufen offenbar alle allzu oft Sachen in der falschen Größe und hoffen, dass wir dünner werden, oder es werden Sachen in aktuellen Trendfarben gekauft, weil sie angeblich angesagt sind. Leider sind sie ebenso schnell wieder out. Es ist übrigens ungemein befriedigend, wenn man sieht, wie die eigenen Ladenhüter jemand anderem überraschend gut stehen!

Tauschen ist sogar fürs Fernsehen interessant. Die britische *BBC* organisierte unlängst eine riesige Tauschparty mit dem Ex-Magermodel Twiggy und strahlte das Ergebnis als mehrteilige Doku-Soap aus. Tauschen ist nicht das Gegenteil von Shoppen, es ist einfach persönlicher, macht mehr Spaß und schont die Umwelt.

Wer auf Tauschpartys nichts findet und vielleicht Sachen für eine besondere Gelegenheit sucht, kann das Leihen ausprobieren. Zwar sind die strengen Dresscodes längst gefallen, und man kann selbst zu einer Hochzeit in Jeans und Jackett erscheinen, aber trotz lässigerer Zeiten gibt es Anlässe, bei denen man feierlicher auftreten möchte. Was bei Schwangerschaftskleidung im privaten Umfeld längst üblich ist, funktioniert ebenso bei Smoking und Hochzeitskleid. Mühelos lässt sich das Leihen auch auf weniger formale Gelegenheiten übertragen. Wer sagt eigentlich, dass man für jede Sommerparty für viel Geld ein neues kleines Schwarzes kaufen muss? Selbst Stars borgen sich Kleider für ihre Auftritte auf dem roten Teppich. Warum also nicht einen scharfen Fummel für die Party leihen? Zugegeben, das Angebot ist noch gering, aber vielleicht eine zusätzliche Geschäftsidee für Filmausstatter oder den Fundus von Theater- und Opernhäusern, wo Kostümbildner in der Regel mit viel handwerklichem Geschick und Liebe zum Detail wahre Schätze anfertigen, die obendrein noch Unikate sind. Das Risiko, dass jemand mit dem gleichen Teil auftaucht, ist dabei verschwindend gering. Und wer nur aus purer Langeweile shoppen geht und eigentlich einen emotionalen Kick braucht, kann hier gleichzeitig auch noch ein interessantes Schwätzchen beim Anprobieren halten. Auch das Internet wird in dieser Hinsicht immer persönlicher. Wer in letzter Zeit einmal beim Auktionshaus »eBay« gekauft hat oder im Online-Store für Secondhand-Klamotten, wird feststellen, wie sehr die Händler inzwischen das Gespräch mit ihren Kunden suchen und gerne auch noch die Geschichte des Kleidungsstückes beisteuern. Eigentlich warte ich immer noch auf den Selbstversuch eines kühnen Models, das ein Jahr lang nur ausgediente oder recycelte Sachen trägt. Um der Pragmatik willen wäre zusätzlich auch Ökomode erlaubt. Im Internet würde ich gerne jeden Tag Fotos von ihr sehen. Zur kulturellen Aufwertung dieser Alternativen würde das sicher beitragen.

Kleidung so solide zu verarbeiten, dass sie lange hält, ist in Zeiten von Fast Fashion aus der Mode gekommen. Es wäre freilich wünschenswert, dass Qualität wieder eine größere Rolle spielt. Für Sachen, die doppelt lange halten, zahlen die Kunden womöglich auch wieder doppelt so viel. Und die Hersteller, die jetzt durch die sinkenden Preise viel verkaufen müssen, um ihren Schnitt zu machen, wären von diesem Zwang befreit. Doch dieser Ehrgeiz scheint gering zu sein. Meistens stimmen nicht mal die Passformen; Hosenbeine sind eigentlich immer zu lang und Knöpfe und Reißverschlüsse entpuppen sich als ständige Sollbruchstellen. Alles ist mit heißer Nadel genäht.

Nun leben wir ja in einer Dienstleistungsgesellschaft, und Änderungsschneidereien, die Kleidung reparieren, gibt es genug. Doch die Kunden knausern. Kaum zwei Prozent des jährlichen Kleiderbudgets stecken wir in diesen Service. Und es ist nicht anzunehmen, dass traditionelles Knowhow wie das Annähen eines Knopfes, das Kürzen einer Hose oder gar das Bedienen einer Nähmaschine noch weit verbreitet ist. Alte Familienrezepte werden vielleicht noch weitergereicht, die Fertigkeit, wie man eine saubere Naht macht, eher nicht. Das Verhältnis zur Kleidung ist dadurch passiver geworden. Vor allem führt es dazu, dass die Ware unantastbar, geradezu sakrosankt scheint. Eigentlich können wir Mode nur konsumieren. Sie anzufassen oder gar zu verändern, traut sich kaum noch einer. Um die Bindung zwischen Mode und exzessivem Konsum zu lockern, braucht es aber gerade den Mut zur »Marke Eigenbau«. Die Hürden sind unterschiedlich hoch: Bei Muji in Berlin gibt es z. B. einen überlangen Regenmantel, den man selbst abschneiden soll, um ihn an die individuelle Körpergröße anzupassen. Das ist sicher machbar. Aus einem alten Jeanshemd eine Weste zu machen oder aus mehreren dünnen Schals einen dicken, bunten Halswickler zu kreieren, ist schon schwieriger.

Wer Inspiration sucht, kann einen Ratgeber bemühen. Die Bücher tragen Titel wie *Operation T-Shirt* oder *Maschenware*, wobei es ebenfalls ums Häkeln und Handanlegen gilt. Der eklatante Unterschied zwischen Fertigkauf und Selbermachen: Man bekommt eine andere Beziehung zu den individuellen Stücken, sie wachsen einem mehr ans Herz, und das führt fast zwangsläufig zu weniger Konsum. Teenager gehen meist spielerischer mit dem Thema um und haben weniger Respekt vor der Mode von der Stange. In ihrem Wunsch, sich abzugrenzen und nicht das gleiche uniforme Zeug zu tragen wie die Mitschülerinnen, erleben Textilfarben (für Turnschuhe) und Bügelbilder (für Shirts und Hosen) eine Renaissance. Der britische Händler Topshop soll seinen jugendlichen Kunden sogar schon Handarbeitskurse angeboten haben, und das britische Online-Magazin *Thread*, das sich der ethischen Mode verschrieben hat, bietet jeden Monat neue Tipps, wie man seine Kleidung »aufpimpt«. Und zwar mit wenig Technik und für wenig Geld. Meist ist dort auch zu sehen, was anderen kreativen Amateuren so eingefallen ist. Manche dieser Projekte bewegen sich schon an der Schnittstelle zur Kunst. Die niederländische Truppe von Droog Design verschickt »Do shirts« genannte T-Shirts, die zehnfach zu groß sind und erst tragbar, wenn der Empfänger sie gewickelt, geschnürt oder zusammengeschnitten hat. Das Shirt kommt zusammen mit einem Buch, in dem schon andere »Skulpturen« zu sehen sind. Das eigene Produkt wiederum kann Teil einer Ausstellung werden.

Letztendlich geht es darum, Vertrauen in die eigenen Fähigkeiten zu entwickeln und fast beiläufig ein größeres Verständnis für die vielen Arbeitsgänge zu erreichen, die ein Stück Stoff in ein Kleidungsstück verwandeln. Wer erstmal angefangen hat, mit Secondhand-Klamotten, Geliehenem, Getauschtem oder Selbergeschneidertem den eigenen Kleiderschrank zu füllen, wird weniger Neues einkaufen, weil ja viel Neues bereits da ist. Das könnte das Tempo der gesamten Branche drosseln.

Wie gesagt, das Umstellen auf saubere und sozialverträgliche Produktionsweisen in der Textilbranche wird alleine nicht ausreichen. Entmachtet gehört auch die Sucht nach dem immer Neuen, befriedigt einzig durch exzessiven Konsum.

Wohin mit den Altkleidern?

Wer hat nicht schon mal einen Beutel mit alten Sachen vor die Tür gestellt oder in einen Altkleidercontainer geworfen? Woanders – so denkt man – freut sich noch jemand über die verschlissene Hose. Tatsächlich landet der größte Teil der Textilien auf Secondhand-Märkten in Osteuropa, Afrika oder im Mittleren Osten. Zwei Drittel der Kleidung, die in Afrika getragen wird, wird secondhand gekauft. Der große Bedarf ist armutsbedingt.

Lange Zeit hieß es, dieser Export zerstöre die einheimische Textilproduktion in den Zielländern. Tatsächlich hängt inzwischen in diesen Ländern ein ganzer Wirtschaftszweig daran, der die Kleidung sortiert und sogar umarbeitet. Und die Vorstellung, die Menschen könnten sich preisgünstig mit Neukleidung aus lokaler Produktion versorgen, wenn es die leidige Secondhand-Kleidung nicht gäbe, verkennt die bittere Armut dort.

Viele fragen sich aber auch, ob nicht nur finstere Geschäftemacher hinter den Sammlungen stecken und wie man seriöse von dubiosen Sammlern unterscheidet.

Am sichersten ist es, die Sachen direkt in einer Kleiderkammer bei einem Sozialprojekt abzugeben. Wer seinen Beutel nur vor die Tür stellt, sollte die Info-Zettel studieren. Dubiose Altkleidersammler sprechen in der Regel nur schwammig von »Hilfe«, »Hoffnung« oder »Solidarität« und zeigen emotionale Fotos. Ob die Kleidung für Hilfsbedürftige ist oder in den Verkauf geht, ist meist nicht ersichtlich.

Eine Liste vertrauenswürdiger Sammelprojekte erhalten Sie über www.fairwertung.de. Es klingt banal, aber es sollten nur Sachen abgegeben werden, die sauber und noch zu gebrauchen sind. In der Regel fischen die Sammler leider bis zu 20 Prozent Müll heraus.

Epilog

Alles im grünen Bereich

Ein bisschen Siegerstrahlen ist angesagt. Es hat sich viel getan in der Ökomode. Während dieses Buch entstand, schossen kleine Modefirmen wie Pilze aus dem Boden. Eine vorläufige Zählung ergab über 450 Labels, die sauber und sozialverträglich produzieren. Darunter sind übrigens viele Modemacher, die der konventionellen Modebranche den Rücken gekehrt haben und davon überzeugt sind, dass Kleidermachen auch anders geht. Als Agentin des Wandels freut mich das sehr.

Bei aller Euphorie über die Dynamik der jungen Branche sollten wir uns aber nichts vormachen. Bisher konzentrieren sich die Designer vor allem auf Biobaumwolle – das Material der Stunde und derzeit das ökologische Nonplusultra.

Um den grünen Modemarkt vielfältiger und robuster zu machen, wird aber auch die Evolution anderer Fasern vorangetrieben werden müssen. Dazu zählen sowohl Wolle, Flachs oder Hanf, die mengenmäßig bislang kaum ins Gewicht fallen, vor allem aber die vielgeschmähten Kunstfasern (Synthetics) aus dem nicht erneuerbaren Rohstoff

Erdöl. Trotz dieses ökologischen Mankos gilt: Prinzipiell lassen sich Natur- wie Kunstfasern sauber verarbeiten. Und da gut die Hälfte aller Kleidung heute Synthetics sind, liegt es auf der Hand, auch deren Herstellung ökologisch zu optimieren.

Und nun ist es Zeit für einen Seufzer. Wir können bei der Textilherstellung viel verbessern. Aber bei sechs bis sieben Modezyklen pro Jahr wird es schwer, die Umwelt und die Menschen in der Textilproduktion wahrhaft zu entlasten. Der Trend zu Ex-und-hopp-Klamotten wird sich nicht ökologisch befriedigen lassen – egal, wie viel Biobaumwolle und Co. wir verarbeiten.

Die Branche ist einfach zu schnelllebig. Mode-Schnelldreher wie H&M werfen in immer kürzeren Abständen neue Kollektionen auf den Markt. Modezeitschriften heizen ihren Absatz an. Wir kaufen die Sachen und werfen sie nach kurzer Zeit einfach weg, da sie ja ohnehin kaum etwas gekostet haben.

In der Mode sollten wir aber den Reiz der Langsamkeit wiederentdecken. Wahrlich ökologisch wäre es, sich nicht so schnell wieder von der Kluft zu trennen. Denn damit wäre das wichtigste Kriterium für ökologische Kleidung erfüllt – ein langes Leben. Wir brauchen dauerhafte, robuste und pflegeleichte Kleidung. Sachen, die das Zeug zum Lieblingsstück haben und lange im Schrank hängen, weil sie uns etwas wert sind. Weil wir etwa Erinnerungen damit verbinden.

Aus vielen Gesprächen mit modebegeisterten Frauen weiß ich, dass sie fürchten, mit dieser Strategie in der Langeweile-

Hölle zu enden. Genauso wenig wie sie immer alte Anekdoten aufwärmen wollen, wollen sie immer die alten Klamotten tragen. Sie wollen der Lust an der Abwechslung frönen und suchen den Kick des Neuen. Die Modezeitschriften haben uns offenbar erfolgreich eingebläut, das ginge nur mit dem Kauf neuer Klamotten.

Ich sage: Schluss mit dem modezeitschriftenüblichen »Kaufdichglücklich«! Gehen wir doch ein bisschen offener und spielerischer mit unserer Lust an der Verwandlung um. Ich bin in dieser Hinsicht persönlich modernisiert. In meinem Kleiderschrank hängen nicht nur Klassiker, die ich schon lange habe, sondern auch Secondhand-Klamotten, denen ich ein zweites Leben einhauche. Manchmal bin ich ein wenig neidisch auf die Kleiderkiste meiner Tochter, die seit Jahren vor allem von ihren Großmüttern mit Accessoires gefüllt wird. Sie steuert schon heute ihre Lust am Kick anders als ich, kombiniert wilder und zieht notfalls selbst einen Gummizug ein, wenn etwas zu weit ist.

Das ist vielleicht eine ganz alte Masche, aber aus meiner Sicht das Programm der Zukunft.

Danksagung

Viele Experten, die sich in der Modebranche gut auskennen, haben mir Rede und Antwort gestanden. Ihren Einsichten verdanke ich, dass ich meine eigene Position schärfen und klarer beschreiben konnte. Sehr praktische Hilfe leistete *Bernd Hausmann* aus Nürnberg, der mir wertvolle Hinweise vermittelte, welche Modelabels aus der jungen grünen Szene zu kennen sich lohnt.

Ohne die langjährige politische Arbeit von Organisationen wie dem *Pestizid Aktions-Netzwerk* oder der *Kampagne für Saubere Kleidung* wäre der Wandel, den ich in diesem Buch fordere, nicht möglich. Die Menschen, die dort aktiv sind, waren eine große Hilfe und gaben mir viele Anstöße.

Dem *Greenpeace Magazin* verdanke ich, dass ich mir auf Recherchereisen mit eigenen Augen ein Bild von den Zuständen in den Textilfabriken in der Türkei und in Indien machen konnte und dabei erfuhr, dass Kleiderproduktion auch anders geht. Beim Anbauprojekt BioRe India konnte ich auf den Äckern und in den Dörfern erleben, wie viel besser es den Bauern und ihren Familien mit dem Anbau von Biobaumwolle geht. Ich danke für die Zeit, die mir dort geschenkt wurde. *Diane Gerth*, Spezialistin für grüne Mode, war auf diesen Reisen eine kenntnisreiche Begleiterin. Ihre leidenschaftliche Begeisterung für sauber und sozialverträglich hergestellte Mode hat mich sehr inspiriert.

Ganz besonders verpflichtet bin ich denjenigen, die das Manuskript ganz oder zu Teilen vorab gelesen haben, allen voran meiner Kollegin und Freundin *Alexandra Rigos*. Sie wies mich immer wieder darauf hin, wenn ich zu sehr als Insiderin schrieb und dabei nicht an die späteren Leser dachte. Meine Freunde und Freundinnen, die immer mehr über das Thema erfahren wollten und immer wieder in meiner Schreibklause auftauchten, haben mich sehr ermutigt. Einsamkeit kam so nicht auf. *Florian Glässing*, mein Agent, war von Anfang an von der Idee des Buches überzeugt und hat mich beim Schreiben bestärkt. *Jessica Hein* vom LUDWIG Verlag wiederum unterstützte das Projekt nach Kräften und vermittelte mir mit *Ernst Dahlke* einen Redakteur, der bis zuletzt geduldig Verbesserungen vorschlug. Ich danke ihnen allen für ihr Engagement. Das Bloggen, mit dem ich im Zuge des Buchschreibens begann, ist sicher eine Welt für sich. Ich danke aber auch allen Bloggerinnen und Bloggern, die tagtäglich intelligent mit mir über das Thema plauderten. Sie haben viele gute Gedanken und auch manche Kritik beigesteuert.

Die Feuertaufe im Alltag bestand die grüne Mode, in dem ich mich und meine Familie komplett umzog. Den Wandel in ihren Kleiderschränken haben sie klaglos und geduldig ertragen. Dieses Buch ist auch das ihre.

Hamburg im Dezember 2008
Kirsten Brodde

Teil 5 –
SERVICE

Grüne Revolution im Kleiderschrank – 15 Tipps für eine attraktive Verbindung von Mode und Moral

Wie kombiniert man Mode und Moral? Ganz einfach. Anders einkaufen und besser auf die Kleidung achten. 15 Tipps für eine attraktive Verbindung.

1.   **Klassiker kaufen**

Mindestens 28 neue Kleidungsstücke kauft jeder Deutsche im Jahr – etliche davon werden nie getragen. Deshalb ist es eine gute Idee, sich zu fragen: »Brauche ich das wirklich?«, bevor man zugreift. Und dann Teile zu bevorzugen, die nicht nach einer Saison out sind, sondern das Zeug zum Klassiker haben. Denn wahrhaft ökologisch ist Kleidung, die lange getragen wird. Die meisten haben viel zu wenige solcher Lieblingsteile im Schrank, die man immer wieder anziehen kann. Oft haben sie übrigens die Farbe Schwarz. Das ist die Farbe, die nach wie vor am längsten in den Kleiderschränken hängen bleibt. Ach ja – manchmal reicht schon aggressives Zuwarten. Also: Babydolls (out) notfalls einmotten und warten, bis der Trend wiederkommt. Kann schneller gehen, als man denkt.

2. **Auf Qualität setzen**

Handwerklich gut gemachte Kleidung ist gar nicht so leicht zu finden. Deshalb sollte man bei allen Kleidungsstücken, die man kaufen will, die Nähte, die Reißverschlüsse und die Knöpfe prüfen, denn das sind bekanntlich Sollbruchstellen. Das gilt auch bei Schuhen. Ein Blick darauf, wie gut die Sohle befestigt ist, lohnt sich immer. Besser alles hängen lassen, was gleich so aussieht, als überstünde es nicht mal die erste Wäsche. Auch grüne Mode muss halten: Wenn der Knopf aus Kokosnussschale nach dem Waschen schrumpelig ist und sich irgendwann ganz auflöst, sollte man sich beschweren und auf Alternativen dringen. Das ist schlicht Fashion-Schrott. Auch Öko-Jeans sollten zehn Jahre halten. Wer mag, kann sich zur Erinnerung im Kleidungsstück vermerken, wann es gekauft wurde (mit Textilmarker). Oft ist man überrascht, wie schnell Sachen verschlissen sind.

3. **Umsteigen auf Biobaumwolle**

Konventionelle Baumwolle ist eine empfindliche Pflanze, die aufwendig mit Dünger und Pestiziden gepäppelt werden muss – und da sie durstig ist, auch erheblich bewässert. In einem konventionellen Shirt stecken 150 Gramm Pestizide und mehrere Tausend Liter Wasser. Biobaumwolle ist eine gute Alternative, denn sie wurzelt auf giftfreien Äckern, und oft wird sie in Regionen angebaut, in denen genug Regen fällt, sodass nicht künstlich bewässert werden muss. Im ersten Schritt gilt es, zumindest bei den Basics wie T-Shirts, Unterwäsche oder Kindersachen auf Kleidung aus Biobaumwolle umzusteigen. Und die ist auch zu bekommen. In den

Shoppingmeilen der Städte genauso wie in kleinen Läden, die sich auf grüne Kollektionen spezialisiert haben. Wer weiter draußen wohnt, kann via Internet bestellen. Anbieter nennt etwa das Pestizid Aktions-Netzwerk (PAN), das Online-Portal Utopia oder das Informations- und Shoppingportal bransparent.

4. Bei neuen Fasern skeptisch sein

Da nicht alles aus Biobaumwolle gemacht werden kann, suchen die Textilhersteller bereits nach Alternativen. Dazu zählen Bambus, Soja, Sisal, Nessel, Hanf oder Kapok. Die Idee ist richtig, aber einiges ist zweifelhaft. Beispielsweise Kunstfasern aus Pflanzenmaterial wie Bambus. Bambus wächst zwar schnell, dient aber eigentlich als Holzersatz, um Zellulose zu liefern, die dann zur Kunstfaser Viskose weiterverarbeitet wird. Um die Zellulose auszukochen und die Spinnmasse zu gewinnen, ist der ausgiebige Einsatz von Chemikalien nötig. Von »Öko« kann man da nicht mehr reden. Hanf und Nessel dagegen sind sehr alte Pflanzenfasern, die ähnlich wie Flachs aufbereitet werden. Leider sind reine Hanf- oder Nesselstoffe schwer zu bekommen. Im Trend liegt auch die Verarbeitung von wild wachsendem Kapok, einer tropischen Pflanze. Solange die Nachfrage noch gering ist, muss man sich wohl keine Sorgen machen, dass Kapok irgendwann selten wird und auf die Liste der bedrohten Pflanzenarten muss. Bislang steckt es vor allem als Füllmaterial in Matratzen. Im Prinzip gilt: Nicht zugreifen, nur weil »Eco«, »Bio« oder Ähnliches draufsteht. Vorher schlaumachen!

5. **Labels unter die Lupe nehmen**

Es ist nicht leicht, sich im Label-Dschungel zurechtzufinden. Bei einer groben Zählung kommt man auf über 20 Logos, was viele Kunden verwirrt. Auf welches soll man sich verlassen? Was garantiert der Öko-Tex-Standard, was die Euroblume? Welche Logos haben die Hersteller selbst kreiert, was davon wird unabhängig kontrolliert? Wer Bescheid wissen will, kann unter www.bransparent.com recherchieren oder in der Textilfibel des *Greenpeace Magazins*. Das jüngste und wichtigste Qualitätssiegel ist der Global Organic Textile Standard (GOTS), das ökologische und soziale Aspekte vereint. Bei der Entwicklung waren Verbände aus Deutschland, den USA, Japan und England beteiligt. Für dieses Gütezeichen reicht es nicht, Biobaumwolle zu verwenden; das Kleidungsstück muss auf dem ganzen Weg vom Acker bis in den Schrank pur und weitgehend ohne Mitgift bleiben. Leider ist es noch weitgehend unbekannt.

6. **Nein sagen zu Kinderarbeit**

Wie stelle ich sicher, dass keine Kinderarbeit in meinem T-Shirt steckt? Keine einfache Sache. Selbst wenn Kleidung eher teuer ist, kann sie in einem Sweatshop (deutsch: Ausbeuterbetrieb) gemacht worden sein. So traf es etwa die Markenhersteller Heine und Esprit, denen Journalisten unwidersprochen vorwarfen, dass ihre Damen-Tops in Indien von Kindern mit Perlen und Pailletten bestickt wurden. Auch H&M wurde bezichtigt, dass sie Baumwolle aus Usbekistan kaufen, die von Kinderhand gepflückt wurde – was nicht auszuschließen ist, denn in Usbekistan werden zur

Erntezeit die Schulen geschlossen und die Kinder aufs Feld geschickt. Die Kinderarbeit ist also staatlich angeordnet. Zwar ist der Textilindustrie – nicht zuletzt dank des Druckes von Nichtregierungsorganisationen – inzwischen klar, dass Kinderarbeit ein absolutes No Go darstellt, aber die Kontrollen sind nach wie vor nicht lückenlos.

7. Ja sagen zu fairen Preisen

Fairtrade-Produkte boomen. Neben Kaffee, Tee, Bananen und Schokolade gibt es jetzt auch Textilien (www.transfair.org). Der faire Handel hilft vor allem den Menschen, die die Waren produzieren. In ärmeren Ländern garantiert Fairtrade menschenwürdige Arbeitsbedingungen (keine Kinderarbeit, existenzsichernde Löhne). Statt ihre Ernte zu Dumpingpreisen auf dem Weltmarkt verkaufen zu müssen, bekommen die Baumwollfarmer 36 Cent pro Kilo Baumwolle, für Biobaumwolle sogar 41 Cent – das sind rund 40 bis 70 Prozent mehr als zuvor. Ein Fairtrade-Shirt kostet tatsächlich ein paar Euro mehr, dafür kann man es mit gutem Gewissen tragen.

Kleidung sollte sowohl sauber als auch sozialverträglich hergestellt sein. Bei dem wachsenden Markt an grüner Mode kann man bisher leider oft nicht beides haben, also Bio und Fair. Dann muss man sich entscheiden, was einem wichtiger ist, die Ethik oder die Ökologie. Den einen liegt das Wohl und das Einkommen der Bauern mehr am Herzen, den anderen der Umweltschutz. Nicht verwirren lassen. Im Prinzip ist natürlich beides gut. Noch besser ist beides im Paket.

8.   **Nicht lumpen lassen**

Gut erhaltenen Sachen, die man ausmustert, sollte man noch ein zweites Leben gönnen. Man kann damit das Sortiment in Secondhand-Läden bereichern. Das gilt für alte Jeans genauso wie für Kleider, die auch noch zu einer Oscar-Verleihung tragbar sind. Natürlich kann man seine guten Stücke auch verschenken oder tauschen. In England laden viele Frauen schon zu Tauschpartys nach Hause ein. Minimum sind fünf Frauen und je zehn Teile, damit es auch interessant wird. In England gibt es solche Partys auch im großen Stil. In London mietet die Kreditkartenfirma Visa einmal im Jahr für drei Wochen einen Laden in der Innenstadt an und sammelt dort Kleidung, die getauscht werden soll. Der Wert wird nach einem fixen System ermittelt und auf einer Kreditkarte in Punkten gutgeschrieben. Am Ende der Aktion kann man an einem Wochenende kommen und die Punkte auf der Karte einlösen, sprich: sich Kleidung aus dem riesigen Fundus aussuchen. Zuletzt kamen über zwölftausend Teile zusammen.

Wem das zu aufwendig ist, der kann seine Sachen natürlich auch direkt bei einer Kleiderkammer oder einem Sozialprojekt abgeben. Wer einfach nur einen Beutel vor die Tür stellen oder in einen Altkleidercontainer werfen will, sollte sicherstellen, dass die Organisation, die dahintersteckt, seriös ist. Eine Liste vertrauenswürdiger Sammelprojekte erhält man über www.fairwertung.de. Insgesamt sind dort über 140 Partnerorganisationen des Vereins *Fairwertung* genannt.

9.   Weniger und umweltfreundlicher waschen

Bei Normalwäsche sollte die Füllmenge der Maschine immer maximal ausgelastet sein. In der Regel fasst eine Trommel rund fünf Kilogramm – im Schnitt werden nur drei Kilogramm hineingestopft! Und: Der meiste Strom wird beim Aufheizen der Maschine verbraucht – also runter mit den Temperaturen. Normal verschmutzte Buntwäsche wird bereits bei 30 Grad gut sauber. Dafür werben jetzt selbst die Waschmittelhersteller. Meistens reicht übrigens die Hälfte der angegebenen Waschmittelmenge. Weichspüler am besten vermeiden. Klingt bieder, aber prüfen, ob nicht Lüften mancher Teile reicht! Ein Muss ist eine Waschmaschine, die Energie spart. Den Wäschetrockner sollte man nur selten verwenden. Das Trocknen in einem gängigen Trockner verbraucht fast dreimal so viel Energie wie das Waschen bei 60 Grad. Wäsche lässt sich auch an der Luft trocken – im Sommer draußen auf der Wäschespindel oder der Leine, im Winter im Wäschekeller oder auf dem Dachboden. Wer seine Wäsche nach dem Waschen glatt aufhängt, spart Bügelzeit und natürlich auch Energie.

10.   Selbst schneidern

Marke Eigenbau – do it yourself – ist angesagt. Wer talentiert ist, wagt selbst einen Versuch. Wem die Hürde zu hoch ist, versucht mutig, einmal aus einer ausrangierten Jeans eine Tasche oder einen Buchschoner zu machen. Und sollte ein gutes Stück mal ein wenig ramponiert sein – wenigstens Knöpfe annähen oder einen Reißverschluss austauschen sollte man können. Als Muse dienen Großmütter, Mütter, selbst

Schwiegermütter. Wer auf Nummer sicher gehen will, sucht um die Ecke den Schneider seines Vertrauens. Manche machen nur Änderungen, andere sind so versiert, dass sie auch als Modedesigner taugen und maßgefertigte Stücke anfertigen können, die wirklich passen. Selbst aus Kleidern, die völlig verschnitten sind, lassen sich manchmal noch attraktive Röcke machen. Man muss sich nur beraten und dann einmal vermessen lassen! Wer kennt eigentlich nicht nur die eigene Konfektionsgröße, sondern auch noch seinen Hüftumfang?

11.   Aktiv werden – laut sein und Fragen stellen
Farbe bekennen ist eine gute Sache. Am besten man fragt in seiner Lieblingsboutique oder der bevorzugten Ladenkette nach sauber und sozialverträglich hergestellter Mode: »Haben Sie auch etwas aus Biobaumwolle oder aus Recycling-Material?« Wer Kopfschütteln erntet, kann die Stirn runzeln und dann die Botschaft verbreiten, was es bei der Konkurrenz schon alles gibt.

Wenn es grüne Mode gibt, aber keiner genauer erklären kann, wie und wo sie hergestellt wird oder was das firmeneigene Logo eigentlich tatsächlich garantiert, heißt es hartnäckig zu bleiben. Beim ersten Mal werden die Verkäuferinnen sicher pampig und verweisen wahlweise auf das Internet oder die weit entfernte Firmenzentrale. Manche halten einen vielleicht für die mittelalterliche Inquisition, aber wen schert das? Weiterhin gilt es, auf ordentliches Design zu bestehen! Niemand will mehr in Jutesäcken die Welt retten. Wenn Firmen meinen, sie müssten weiterhin Kleidung anbieten, in der sich in erster Linie Hochschwangere wohlfühlen wür-

den, oder aber Kleidung, die vor traditionellen Motiven –
etwa Mandalas – nur so strotzt, heißt es Widerstand zu signalisieren und böse Briefe zu schreiben.

12.   Bei Kampagnen mitmachen

Unterstützen Sie Nichtregierungsorganisationen wie das Pestizid Aktions-Netzwerk (PAN) oder die Kampagne für Saubere Kleidung, die sich für eine saubere und sozialverträgliche Textilproduktion einsetzen. Spenden Sie, schicken Sie
Protestpostkarten oder werden Sie sogar Mitglied der örtli-
chen Aktionsgruppe!

13.   Nicht alles wegwerfen

Wenn Sachen noch halbwegs in Ordnung sind, aber ausrangiert werden sollen, kann man sie an karitative Organisationen wie Oxfam spenden! Auch nicht schlecht: Die Free-
cycle-Gruppen, die es bei Yahoo in vielen Städten gibt. Man
annonciert seine Altkleider, Interessenten melden sich per
Mail, und man verabredet, wann die guten Stücke abgeholt
werden. Nebenwirkung: Man lernt mancherlei interessante
Leute kennen.

14.   Was zurückgeben

Hersteller von Outdoor-Kleidung wie Patagonia oder Vaude,
aber auch der Sportschuhhersteller Nike bieten an, ausgediente Altkleider und Schuhe zurückzunehmen. Dazu müssen
diese Windbreaker, Wander- oder Sportschuhe allerdings in
die Läden zurückgebracht werden. Die Rücklaufquoten sind
bisher gering. Man kann auch von anderen Herstellern for-

dern, ihre Kleidung zurückzunehmen und zu recyceln. Bitte nicht zu Parkbänken downcyceln, sondern zu neuer Kleidung. Der Song zum Tipp: »Reduce, Reuse, Recycle« von Musiker und Surfer Jack Johnson. Manche Hersteller werben jetzt damit, Kleidung aus Recycling-Polyester anzubieten. Es ist unklar, wie gut die Ökobilanz dieser Ware ist, denn die ausgedienten Plastikflaschen, aus denen die Kleidung meist besteht, werden oft ans andere Ende der Welt geschifft, dort recycelt und die neue Kleidung wieder in die Industrienationen geschafft, um sie teuer als trendige Recycling-Ware zu verkaufen. Und mehr aus Plastikflaschen zu trinken, um zu Recycling-Tretern, beispielsweise von Adidas, zu kommen, ist ökologisch keine überzeugende Idee. Allenfalls den Männern zu Hause zu erzählen, sie möchten bitte den Plastikmüll runtertragen, damit sie später etwas zum Anziehen haben, könnte ein interessantes neues Argument im Kampf um die gerechte Verteilung von Hausarbeit sein.

15.   Eine Kleiderwechsel-Party organisieren
Statt Tupperware, Duftkerzen oder Dessous im Freundeskreis zu verkaufen, gibt es mit der Stromwechsel-Party immerhin schon eine grüne Alternative. Wie wäre es aber, mal die Freundinnen einzuladen und die hippesten grünen Teile vorzuführen? Von der Hanf-Unterwäsche (kann man nicht in der Pfeife rauchen) über das lila Sommerkleid aus Biobaumwolle bis zum pflanzlich gefärbten Edel-Strickteil von der Öko-Designerin. Man sollte wissen, wo es was gibt und was es kostet. Und danach: Shoppen ohne Kater. Aber in Maßen – siehe Tipp Nummer eins!

Herstellerliste

Das Angebot an ethisch und ökologisch einwandfreier Mode wächst. Eine akribische Sammlung ergab über 450 Adressen. Hier finden Sie meine 50 persönlichen Favoriten, darunter bewusst viele deutsche Designer und Gründer. Die komplette Liste ist im Internet unter www.gruenemode.de abzurufen. Kommentare zu den einzelnen Labels sind ausdrücklich erwünscht.

Adidas Grün	**www.adidas.de** **D-Herzogenaurach**	Seit Frühjahr 2008 hat Adidas eine grüne Kollektion. »Reground« umfasst Produkte aus Hanf, Jute oder Bambus; »Recycled« bietet etwa Sneakers aus recyceltem Polyester. Nur in wenigen Läden erhältlich. Die Preise liegen zwischen 40 und 170 Euro. Der Erfolg war so groß, dass Adidas dabei bleibt. Fazit: Weltkonzern grün angehaucht, fair noch nicht.
Armedangels	**www.armedangels.de** **Social Fashion Company GmbH** **D-Köln**	100 Prozent Bio und fair! Bedruckte T-Shirts und vor allem der goldene Engel sind das Markenzeichen des Kölner Labels. Die *Wirtschaftswoche* verlieh

Anton Jurina und Martin Höfeler 2007 einen hoch dotierten Gründerpreis. Die Website hat neben dem Online-Shop auch einen eigenen Blog. Prominente Unterstützer wie Thomas D. von den Fanta Vier.
Leider bisher nur Basics!

Beyond Skin	**www.beyondskin.co.uk** **UK-Hove/East Sussex**	Schuhlinie, die sexy und ethisch korrekt ist. Auch Pumps und Highheels sind zu haben. Die Schuhe sind handgemacht und vegan. Ein bestimmter Prozentsatz des Gewinns geht an den Tierschutz. Prominenter Fan: Natalie Portman. Online-Shop. Nicht gerade günstig.
Blackspot Sneaker	**www.blackspotsneaker.org** **Kanada–Vancouver/BC**	V1 + V2 Sneakers und Stiefel, Obermaterial Hanf, Sohle aus recycelten Altreifen. Produkt der konsumkritischen Gruppe »Adbusters«, die auch den »Buy nothing day« erfunden haben.
BTC Elements	**www.btcelements.com** **USA-Santa Monica, CA**	BTC ist die Abkürzung von »Be the change« und angelehnt an ein Gandhi-Zitat. 2005 von Umweltaktivistin Summer Bowen gegründet. Was nicht in den USA hergestellt ist, hat Fairtrade-Siegel. Spenden ein Prozent ihres Gewinns. Breites Sortiment für Frauen, selbst Cocktailkleider, für Männer nur Shirts.

C&A	**www.cunda.de** **D-Düsseldorf**	Gigant mit Ambitionen. Die Bio-Cotton-Kollektion (100 Prozent) schaffte es sogar in die Schaufenster. Demonstriert, dass Ökomode nicht teurer sein muss. Bis 2010 möchte C&A der größte Abnehmer von ökologisch angebauter Baumwolle werden.
Camilla Norrback	**www.camillanorrback.com** **Schweden-Stockholm**	Die schwedische Designerin verwendet für ihre »Ecoluxury«-Kollektion ökologische Wolle und Baumwolle, aber auch recyceltes Polyester. Erfolgreich und international anerkannt.
Ciel	**www.ciel.ltd.uk** **UK-Hove**	Designerin Sarah Ratty ist eine Pionierin der Branche und hat eine starke Philosophie. Kämpft mit Labour behind the Label für gerechte Arbeitsbedingungen. Elegante Kollektion. Zu 90 Prozent Öko. Online-Shop, der nach Deutschland liefert.
Continental Clothing	**www.continentalclothing.de** **D-Berlin**	Anbieter von Werbe-Kleidung für Firmen, aber auch Bands etc. Vor allem Basics. Die Firma hat ein strenges Sozialsiegel. Mit der »Earth-Positive-Kollektion« Anbieter von klimaneutraler Kleidung (auch bio).
Designers against Aids	**www.designersagainstaids.com** **Belgien-Merksem/Antwerpen**	Für diese Charity-Kollektion werden T-Shirts und Sweater von bekannten Designern entworfen.

Die Kleidung ist bio und fair und wird in Indien produziert. Gründerin Ninette Murk erreichte, dass H&M die Shirts verkauft, aber nichts daran verdient.

EDUN   **www.edunonline.com**
Irland-Dublin

Ali Hewson, Ehefrau von U2-Sänger Bono, startete diese Modemarke, die Ökodesigner Rogan Gregory entwirft. Rückwärts gelesen bedeutet der Name »nude« (nackt) – so pur soll die Mode sein.
Nur rund die Hälfte der Kollektion ist bio. »Wir tragen die Geschichte derer, die diese Kleidung für uns genäht haben, mit uns«, lässt das Label als Mahnung in seine Sachen sticken. In vielen Online-Shops zu haben.

Ethletic   **www.fairdealtrading.de**
www.ethletic.de
UK-London

Schuhlabel mit Fairtrade-Zertifikat. Die Sohlen sind aus Naturkautschuk aus FSC-zertifizierter Waldwirtschaft in Sri Lanka. Genäht wird in Pakistan. Stellen Sneakers sukzessive auf Biobaumwolle um. Cooles Design.

Fairliebt   **www.fairliebt.com**
D-Hamburg

»Wir sind fairliebt in den Gedanken, dass es auch anders geht«, heißt es von Mathias Ahrberg und Wiebke Hövelmeyer. Die Shirts sind aus Biobaumwolle und werden von der afrikanischen Kooperative »LamuLamu« produziert, die zum Netzwerk des fairen

Handels gehört. Neue Shirts mit Slogans wie »Kein Bock auf H&M« oder »Kein Bock auf McDonalds«.

FIN	**www.finoslo.com** **Norwegen-Oslo**	Das Label prägte den Begriff Eco Lux. Chefdesigner Per Åge Sievertsen setzt auf fair gehandelte Ökostoffe (vor allem Biobaumwolle). Hergestellt wird in Indien und Peru. Zeitgemäßes Modedesign mit femininen Kleidern und Blusen. Auftritte auf allen großen Modemessen, gute Webseite.
Göttin des Glücks	**www.goettindesgluecks.at** **Österreich-Wien**	Erstes ökofaires Label Österreichs. Das Designerkollektiv startete nur mit Yoga-Mode, jetzt breites Sortiment für Damen und Herren. Produziert wird in Mauritius.
Gossypium	**www.gossypium.co.uk** **UK-Lewes**	Breites Sortiment incl. Unterwäsche und Bettzeug. Bio und fair. Produziert wird in Indien. Interessanter Newsletter.
Greenpeace Magazin	**www.greenpeace-magazin.de** **D-Hamburg**	Im »Kleinen Warenhaus« gibt es Basics für Männer, Frauen und Babys aus 100 Prozent Biobaumwolle – angebaut und produziert wird in Indien.

H&M	**www.hm.com/de**	H&M baut seine Organic Cotton-Kollektion systematisch aus und bietet auch Artikel aus Recycling-Wolle und Recycling-Polyester zu günstigen Preisen. H&M unterstützt inzwischen Bauern beim Umstellen auf Bio-baumwolle, damit der Nachschub nicht abbricht.
HempAge AG	**www.hempage.com** **D-Adelsdorf**	Großhandel für Hanfkleidung. Angebaut wird in Osteuropa. Viele Infos über Hanf auf der Webseite.
Hess Natur	**www.hess-natur.de** **D-Butzbach**	Der Versandhändler setzt seit kurzem deutschlandweit auf stil-volle Läden. Keine Jute-Ästhetik mehr, sondern moderneres Design. 100 Prozent bio und fair. Der neue Kreativdirektor, Star-designer Miguel Adrover, sorgte für Schlagzeilen – und für hoch-preisige Kleidung in den Läden.
Howies	**www.howies.co.uk** **UK-Cardigan/Wales**	Outdoor- und Skaterlabel aus Wales. Seit kurzem ist Timber-land beteiligt, bekannt als Anbie-ter von rustikalem Schuhwerk. Howies-Jeans sind aus Biobaum-wolle, mit Natur-Indigo gefärbt und nicht mit viel Chemie auf alt getrimmt. Schöne Webseite mit vielen originellen Texten.

Imps & Elfs	**www.imps-elfs.nl** **NL-Amsterdam**	Schönstes Kinderlabel. Gegründet von Fons Cohen und designt von Jacqueline Streng bietet die Firma ökozertifizierte Mode (von Made-by). 2007 waren 87 Prozent aus Biobaumwolle. Super Webseiten-Intro mit einer Gemüsegitarre.
Inka Koffke	**www.inkakoffke.com** **D-Ingolstadt**	Organic Couture nennt die Mode-designerin und Schneiderin Inka Koffke ihre glamouröse Kollektion. Jil Sander der Ökomode. Alle Materialien aus 100 Prozent biologischem Anbau. Produziert in Deutschland.
Katharine Hamnett	**www.katharinehamnett.com** **UK-London**	Ungekrönte Königin der Ökomode und seit 1989 dabei. In riesigen Buchstaben druckt sie ihre Ansichten auf T-Shirts (»Clean up or die«). 100 Prozent Biobaumwolle. Eine umfangreichere Kollektion musste sie leider wieder einstellen.
Knowledge Cotton Apparel	**www.knowledgecottonapparel.com** **Dänemark-Herning**	Das dänische Familienunternehmen ist spezialisiert auf ökologische Männermode. Zeitgemäßes Design. Auf der Webseite sind viele interessante Infos über den Verbrauch von Pestiziden beim Anbau von konventioneller Baumwolle.

Komodo	www.komodo.co.uk	Benannt nach einer indonesi-
	UK-London	schen Insel und den letzten
		»Drachen« dort. Kleider aus Bio-
		baumwolle, sehr verspielte
		Sachen für Frauen. Guter Online-
		Shop. Seit neuestem Showroom
		in Berlin-Kreuzberg.

Komodo — www.komodo.co.uk — UK-London

Benannt nach einer indonesischen Insel und den letzten »Drachen« dort. Kleider aus Biobaumwolle, sehr verspielte Sachen für Frauen. Guter Online-Shop. Seit neuestem Showroom in Berlin-Kreuzberg.

Kuyichi — www.kuyichi.com — NL-Haarlem

Trendigste Streetwear auf dem Markt. Nur rund die Hälfte der Kollektion ist aus Biobaumwolle, aber alle Jeans. Chef Tony Tonnaer ist eine der lautesten Stimmen der Branche. Motto: »Nur nicht wollsockig sein.« In sehr vielen Läden zu haben.

Lamu Lamu — www.landjugendverlag.de — D-Bad Honnef-Rhöndorf

Getragen von der Katholischen Landjugend. Die ökofairen Basics wie T-Shirts und Hoodies werden in Kenia produziert. Ein Teil der Einnahmen fließt in einen Sozialfonds für die Arbeiterinnen dort. T-Shirts aus dem Online-Shop können mit eigenen Motiven bedruckt werden. Lamu heißt übrigens eine idyllische Insel vor Kenia.

Loomstate — www.loomstate.org — USA-New York

Designer Rogan Gregory macht auch bei Edun mit. Jeans, Kleider und T-Shirts der US-Marke werden aus Biobaumwolle gefertigt, die vor allem in den USA wächst. Die Eltern von Rogan Gregory fragten ihn, was Mode für die Welt tun könnte. Seine Antwort ist die Öko-Kollektion von Loomstate.

Maas	**www.maas-natur.de** **D-Gütersloh**	Einer der größten Naturtextil-anbieter hierzulande. Haupt-sächlich Katalogbestellung. Strenges Naturtextil-Siegel (IVN). Langlebigkeit geht vor modischer Extravaganz. Viel Leinen, auch Hanf.
Magdalena Schaffrin	**www.magdalenaschaffrin.com** **D-Berlin**	Interessante Newcomerin im Haute-Couture-Bereich, die mit ökologischen Stoffen arbeitet. Online-Shop, wenige Läden.
Misericordia	**www.misionmisericordia.com** **Peru-Lima/Distrito di Lince**	Lässiges Design und gute Arbeitsbedingungen: Aurelyen Conty stellt in Peru Fair Fashion her. Misericordia heißt Barmher-zigkeit, wie das Waisenhaus mit eigener Nähstube, das der fran-zösische Macher auf einer Welt-reise in Peru entdeckte. Die Kollektion wird von Hand hergestellt – 80 Prozent der T-Shirts sind bereits aus Bio-baumwolle. Die begehrten Trai-ningsjacken mit dem hübsch geschwungenen Schriftzug gibt es unter anderem im Online-Shop True Fashion.
Noir	**www.noir-illuminati2.com** **Dänemark-Kopenhagen**	Höchster Glamour-Faktor. Desig-ner Peter Ingwersen verbindet soziales Bewusstsein und Sex-Appeal. Die Mode ist – nomen est omen – vornehmlich schwarz. Die Biobaumwolle kommt aus Uganda und Tansania. Künftig will

Noir auch Biobaumwolle an
andere Firmen verkaufen.
Der Glamour hat seinen Preis,
die meisten Teile kosten mehrere
Hundert Euro.

NU Jeans   **www.nu-jeans.com**
Frankreich-Paris

Die Jeans (ca. 100 Euro) und die
Unterwäsche sind bio und fair
(GOTS-zertifiziert) und sollen
getragen werden, bis sie aus-
einanderfallen.
Motto der Macher Max Guillon
und Jean-Philippe Pete: »Kaufe
weniger, aber bessere Qualität«.

Pants to   **www.pantstopoverty.com**
Poverty   **UK-Reading**

Unterhosen! Im Bündchen ist
sichtbar der Firmenname ein-
gestickt, damit auch jeder sehen
kann, wofür Bob Ramsden
angetreten ist: Die Armut der
Ärmsten zu besiegen. Die sehr
schmalen Unterhosen sind
aus Biobaumwolle und fair gehandelt. Als es 2006 losging,
verkaufte das britische Label
1 100 Stück in den ersten sechs
Monaten.
Online-Shop.

Patagonia   **www.patagonia.com**
USA-Ventura/Kalifornien

Vorreiter bei Outdoor-Mode.
Verwendet seit 1996 Biobaumwolle und bereitet Plastikmüll
auf, um Kleidung daraus herzustellen. Nimmt ausgediente
Kleidung zurück, um daraus neue
zu machen. Will bis 2010 aus-
schließlich recycelte Materialien
verwenden.

Sehr informative Webseite, die auch die skurrile Geschichte von Gründer Yvon Chouinard erzählt. Führt fast jedes Sportgeschäft. Flagshipstore in München.

People Tree **www.peopletree.co.uk**
UK-London

Gründerin Safia Minney kooperiert mit international angesehenen Designern und schaffte so den Durchbruch ihrer fairen Modelinie, die vorher sehr viel Ethno-Touch hatte. Mehr als die Hälfte der Kollektion ist schon aus indischer Biobaumwolle. Online-Shop.

Po-Zu **www.po-zu.com**
UK-London

Der Name steht für das japanische Wort »Pause«. Gefertigt werden die Schuhe in Glastonbury – so weit wie möglich aus Naturmaterialien. Das Leder ist pflanzlich gegerbt, das Fußbett ist aus Kokosnussfasern. Die Schuhe werden genäht und nicht geklebt. Po-Zu vertreibt auch essbare Schuhcreme aus Kokosnussöl.

Ragbag **www.ragbag.eu**
Niederlande-Amsterdam

Taschen und Portemonnaies aus recycelten Tüten, die in indischen Slums gesammelt wurden. Gibt 60 Menschen in Sortierzentren und Nähateliers in Delhi Arbeit. Bisher nur in wenigen Läden erhältlich.

Room to Roam	**www.room-to-roam.com** **D-München**	Room to roam steht für die Sehnsucht nach Kreativität, Bewegungsfreiheit und Natur. Designerin Akela Stoklas vereint frisches Design und nachhaltige Produktion. Jede Kollektion beschäftigt sich mit einer gefährdeten Kulturlandschaft, zum Beispiel die Everglades in Florida oder im Sommer 09 die Insel Sylt. Die Rohstoffe sind aus biologischem Anbau. Gefertigt wird in Deutschland. Erst ein Showroom, kein Online-Shop.
Sense Organics	**www.sense-organics.com** **D-Frankfurt**	Fröhliche, bunte Kindermode mit frechen Schnitten und Freizeitkleidung für Frauen. Biobaumwolle und Fairtrade in Indien sind garantiert. Shopfinder auf der Webseite.
Simple shoes	**www.simpleshoes.com** **USA-Goleta/Kalifornien**	Schuhe und Taschen – viele Designs mit Biobaumwolle, Hanf, Bambus, Kokosnuss und Recycling-Plastik. Online-Shop.
Slowmo	**www.slowmo.eu** **D-Berlin**	In Berlin-Friedrichshain entsteht Mode in Ruhe und Beständigkeit (slowmotion), sagt das Geschwisterpaar Felicia und Melchior Moss. Zwei Kollektionen im Jahr. Bio und fair. Experimentiert mit anderen Naturfasern wie Kapok. Zeitloses Design mit verspielten Details. Online-Shop.

Stewart & Brown	**www.stewartbrown.com** **USA-Ventura/California**	Erfolgreichstes US-Ökomode-Label. Karen Stewart und Howard Brown (vormals Design für Patagonia) starteten 2002 mit T-Shirts und Taschen, bieten inzwischen alles, was das Herz begehrt. Sehr tragbar. 50 Prozent der Kollektion ist Biobaumwolle, 20 Prozent Kaschmir (handgezupft von artgerecht gehaltenen Ziegen aus der Mongolei) plus Merino-Wolle oder Leinen. In deutschen Online-Shops und Läden zu haben.
Terra Plana	**www.terraplana.com** **UK-London**	Breites Sortiment von ökokorrekten Schuhen. Besonders beliebt ist die Eigenmarke »Worn Again«, für die alte Decken, Kaffeefilter oder Autoreifen in erstaunlich ansehnliche Schuhe verwandelt wurden. Eigener Online-Shop. Vertrieb hierzulande über den Online-Shop True Fashion.
Thokk Thokk	**www.thokkthokk.com** **D-München**	Junges Fashionlabel, produziert bedruckte T-Shirts. Sieht ein bisschen nach Grafikdesign aus (Punkte/Striche). Bio und fair. GOTS-zertifiziert. Bedruckt wird in Deutschland. Liste von Läden auf Webseite.
Tudo Bom	**www.tudobom.fr** **Frankreich-Paris**	Fair Planet. Produziert wird in Brasilien. Kleine Kollektion – auch für Kinder. Erhältlich über deutsche Online-Shops.

VEJA	**www.veja.fr** **Frankreich-Paris**	Das absolute Must-have bei Schuhen. Klassische Sneakers mit Stoff aus Biobaumwolle und Sohle aus Naturkautschuk. Produziert wird in Brasilien nach dem Fairtrade-Prinzip. Motto: »Wir arbeiten für ihre Würde«. Coole Werbevideos (»Consume radicool«). Wird von Online-Shops geführt und in einigen Läden. Schnell vergriffen, denn die Macher setzen auf Klasse, nicht auf Masse.
Waschbär	**www.waschbaer.de** **D-Freiburg**	Mehrfach totgesagt und doch noch da. Einer der großen alten Naturtextiler (seit 1987). Solide Kleidung für Damen und Herren – Versand und vier Geschäfte in Deutschland.

Literatur/Links

Balzer, Monika: Gerechte Kleidung. Fashion Öko Fair. Ein Handbuch für Verbraucher. Hirzel. Stuttgart 2000.

Berger, Dorit: Färben mit Pflanzen. Ökobuch. Freiburg 2006.

Bierhals, Christine Anna: Green designed. Fashion. Av Edition 2008.

Braungart, Michael, William McDonough: Einfach intelligent produzieren. Berliner Taschenbuch Verlag. Berlin 2008.

Brodde, Kirsten: Drunter und Drüber. Greenpeace Magazin 4/07.

Brodde, Kirsten: Starker Stoff. Greenpeace Magazin 3/04, darin: Ottos neue Kleider.

Brodde, Kirsten: Göttlicher Stoff. Greenpeace Magazin 6/05.

Brodde, Kirsten: Grün Couture. Greenpeace Magazin 3/08.

Busse, Tanja: Die Einkaufsrevolution. Konsumenten entdecken ihre Macht. Blessing. München 2006.

Einfach das Klima verändern. 50 kleine Ideen mit großer Wirkung. Pendo. München und Zürich. 2007.

Einfach die Welt verändern. Im Job. 50 kleine Ideen mit großer Wirkung. Pendo. München und Zürich 2006.

Grießhammer, Rainer: Der Klima-Knigge. Energie sparen, Kosten senken, Klima schützen. Booklet. Berlin 2007.

Grimm, Fred: Shopping hilft die Welt verbessern. Der andere Einkaufsführer. Goldmann. München 2008.

WorldChanging: Das Handbuch der Ideen für eine bessere Zukunft. Knesebeck. München 2008. Mit einem Vorwort von Al Gore.

Hingst, Wolfgang und Hanswerner Mackwitz: Reiz-Wäsche. Unsere Kleidung: Mode, Gifte, Öko-Look. Campus. Frankfurt/Main 1996.

Meyer, Ute: Farbstoffe aus der Natur. Geschichte und Wiederentdeckung. Verlag Die Werkstatt. Göttingen 1997.

Musiolek, Bettina (Hrsg.): Ich bin chic, und du musst schuften. Frauenarbeit für den globalen Modemarkt. Brandes&Apsel. Frankfurt/Main 1997.

Musiolek, Bettina (Hrsg.): Gezähmte Modemultis. Brandes&Apsel. Frankfurt/Main. 1999.

Nicolay, Megan: Operation T-Shirt. 108 Ideen, ein T-Shirt zu verwandeln. Goldmann 2007.

Otto Trendstudie Konsum-Ethik 2007. Befragung. Trendbüro Hamburg. 2007.

Pöppelmann, Christa und Melanie Goldmann: Umweltgerecht einkaufen. DIN Institut. Berlin 2008.

Rigos, Alexandra: Hightech auf unserer Haut. Greenpeace Magazin 3/04.

Rivoli, Pietra: Reisebericht eines T-Shirts. Ein Alltagsprodukt erklärt die Weltwirtschaft. Econ. Berlin 2006.

Schlegl, Tobias und Lars Meier: Zu spät? So zukunftsfähig sind wir Deutschen. Rororo. 2008.

Stoller, Debbie: Maschenware. Heiße Teile zum Selberhäkeln. Goldmann 2007.

Unfried, Peter: Öko. Al Gore, der neue Kühlschrank und ich. Dumont. Köln 2008.

Wenzel, Eike, Anja Kirig und Christian Rauch: Zielgruppe LOHAS. Wie der grüne Lifestyle die Märke erobert. Zukunftsinstitut. 2007.

Wenzel, Eike, Anja Kirig und Christian Rauch: Greenomics. Wie der grüne Lifestyle Märkte und Konsumenten verändert. Zukunftsinstitut. 2008.

Werner, Klaus und Hans Weiss: Das neue Schwarzbuch Markenfirmen. Die Machenschaften der Weltkonzerne. Ullstein. 2006.

Werner-Lobo, Klaus: Uns gehört die Welt! Macht und Machenschaften der Multis. Hanser. 2008.

Englischsprachige Literatur

Black, Sandy: Eco-Chic. The Fashion Paradox. Black dog publishing. London 2008.

Clark, Duncan: The Rough Guide to Ethical Shopping. The issues, the products, the companies. Penguin Books, London 2004.

Dorfman, Josh: The Lazy Environmentalist. Your guide to easy, stylish, green living. Stewart, Tabori&Chang. New York 2007.

Fletcher, Kate: Sustainable Fashion&Textiles. Design Journeys. Earthscan 2008.

Future Fashion. White papers. Earth Pledge Serie. New York 2007.

Gow McDilda, Diane: The Everything Green Living Book. Adams Media. Avon/MA 2007.

Lee, Matilda: Eco chic. The savvy shoppers guide to ethical fashion. Gaia/Octopus Publishing Group. London 2007.

500 Ways to Change the World. Global ideas bank. The Institute for Social Inventions. HarperCollins Publishers. London 2005.

Baumwolle: Die Herausforderung des weißen Goldes. NZZ Format. 36 Minuten. Zürich 2006

China Blue. Dokumentarfilm von Micha X. Peled über den Alltag der 17-jährigen Jasmine, die in einer Textilfabrik arbeitet. Zu beziehen über Inkota unter cccprojekt@inkota.de oder per Telefon unter 030-4 28 91 11.

Broschüren

Mode, Macht&Frauenrechte. Terre des femmes e.V. Tübingen 2003.

Textil-Fibel 2. Wissenswertes über Fäden, Fasern und faire Kleidung zum Wohlfühlen. Greenpeace Media GmbH. Hamburg 2006.

Links

www.fairfeelsgood.de
Informationen zum fairen Handel, zu Prinzipien und Hintergründen. Auch Infos zum Thema Textilien, speziell zu Baumwolle.

www.label-online.de
Die große Datenbank bietet eine Sammlung aller gängigen deutschen Gütesiegel und Zertifikate samt Suchfunktion.

www.treehugger.com
Führendes amerikanisches Online-Magazin zu grünen Themen und Produkten. Zum Erfolg trägt der frische, teils
flapsige Sprachstil bei.

www.new-ethics.com
Bloß nicht wollsockig sein, wollen die Macher dieser Seite.
Aktuelle Entwicklungen bei Essen&Trinken, Mode, Kosmetik, Reise, Wohnen und Leben plus die Köpfe dahinter.

www.utopia.de
Online-Portal rund um grünen Lifestyle. Auch Wissenswertes zum Kauf von Textilien. Derzeit beste und umfassendste Seite – inklusive Nachrichten, Kolumnen und
Interviews mit Politikern. Die Zahl der angemeldeten
Nutzer wächst ständig und plaudert in Foren angeregt
miteinander.

www.ecotextile.com
Seit Februar 2007 monatlich erscheinendes Magazin, für
Insider (englisch).

www.guardian.co.uk/lifeandstyle/ethicalfashion
Kolumnen rund um grüne Mode – geschrieben von *Guardian*-Journalisten, die sich auskennen. Darf ich Leder
kaufen, wie finde ich ein Outfit für den Job, was ist das
Problem mit Ökojeans? Plus Einkaufsführer für England
mit über 200 Adressen (ethical fashion directory).

www.bbc.co.uk/thread (englisch)
Werbefreies Online-Magazin der BBC zur ethischen Mode (monatlich neu). Keine Scheu vor Themen wie Secondhand, Tauschbörsen oder Selberschneidern von Kleidung.

www.oeko-mode.info
Viele Hintergrundinfos und kommentierte Herstellerliste.

www.bohomag.com
Seite einer neuen amerikanischen Zeitschrift zum grünen Lifestyle.

www.ecolife.ch
Seite eines grünen Schweizer Magazins (seit Mitte 2008).

www.gliving.com
Online-Magazin zum nachhaltigen Konsum – sehr designverliebt. Gelegentlich interessante Interviews mit Modemachern.

www.ecologist.com
Führendes Umweltmagazin mit politischem Anspruch, auf Ecologist TV sehenswerter Film zur Lederherstellung.

NGOs

www.organicexchange.org (englisch)
Wer wissen will, warum Biobaumwolle besser ist und wie der Markt sich entwickelt, ist hier richtig. Der europäische Ableger, der in Amsterdam sitzt, ist rege und schult Firmen, die ins Öko-Business einsteigen wollen.

www.oxfam.de

Hilfsorganisation, die auch eigene Läden für Secondhand-Sachen betreibt, wo man unter anderem ausgediente Kleidung abgeben oder kaufen kann.

www.pan-germany.org

Das Pestizid Aktions-Netzwerk ist der Klassiker, wenn man erfahren will, was Pestizide auf den Äckern dieser Welt für Schaden anrichten. Kümmern sich auch um die Alternative Biobaumwolle und führen eine Datenbank mit Herstellern, die zu empfehlen sind.

www.sauberekleidung.de

Der deutsche Ableger der Clean Clothes Campaign mit vielen Informationen und einem regelmäßigen Rundbrief zum Download. Gibt den Arbeiterinnen in den Textilfabriken der Welt eine Stimme. Unermüdlich im Durchführen von Informationsveranstaltungen im ganzen Bundesgebiet.

www.transfair.org

Seit Herbst 2007 gibt es Textilien aus Baumwolle mit Fairtrade-Siegel. Wissenswertes über das Baumwoll-Programm findet sich unter dem Stichwort »Produkte«.

www.ejfoundation.org (englisch)

Die britische Environmental Justice Foundation startete eine erfolgreiche Kampagne gegen Umweltsünden und Kinderarbeit in der Baumwollproduktion. Renommierte Designer unterstützten das Projekt und entwarfen exklusive Drucke für eine ökofaire T-Shirt-Kollektion. Thema war die verlorene Kindheit derjenigen, die schon von früh auf Baumwolle pflücken und entkernen müssen. Topmodels ließen sich für die gute Sache in den Shirts ablichten.

www.ilo.org (englisch)
International Labour Association, definiert Kernarbeitsnormen, veröffentlicht jährlich aktuelle Statistiken zu Kinderarbeit.

www.labourbehindthelabel.org (englisch)
Testet regelmäßig den Stand britischer Firmen in Sachen Arbeitsrechte.

www.nlcnet.org (englisch)
National Labor Committee von Charles Kernaghan, der seit Jahren akribische Aufklärungsarbeit betreibt.

www.fairwertung.de
Informationen rund um das Sammeln von Kleidern incl. Liste über seriöse Sammlungen.

www.epea.com
Beratungsfirma von Chemiker und Öko-Visionär Michael Braungart (Cradle to cradle-Konzept). Interessante Produktplattform.

Läden, die auf grüne Mode spezialisiert sind

PLZ 2

www.fein-store.de

Marktstraße 8–9, 20357 Hamburg, Mo–Fr 12–19 Uhr, Sa 11–19 Uhr

www.marlowe-nature.de

Beim Schlump 5, 20144 Hamburg, Mo–Fr 10–19, Sa 10–16 Uhr

www.fairtragen.de

Buntentorsteinweg 85, 28201 Bremen, Mo–Fr 15-20 Uhr, Sa 11–17 Uhr

PLZ 4

www.gruene-wiese-shop.de

Jüdefelder Str. 39, 48143 Münster, Mo–Fr 11–19 Uhr, Sa 11–16 Uhr

PLZ 6

www.organicc.de

Berger Str. 19, 60316 Frankfurt/Main, Mo–Fr 11–19.30 Uhr, Sa 10–18 Uhr

PLZ 7

www.zuendstoff-clothing.de

Adlerstraße 12, 79098 Freiburg, Di–Fr 12–18 Uhr, Sa 12–16 Uhr

PLZ 8

www.glore.de

Baaderstraße 55, 80469 München, Mo–Fr 11–19.30 Uhr, Sa 11–19 Uhr

www.iki-m.de

Marienstraße 6, 80331 München, Mo–Fr 11–19 Uhr,
Sa 11–18 Uhr

PLZ 9

www.glore.de

Karl-Grillenberger-Str. 24, 90402 Nürnberg, Mo–Fr 11–
19.30 Uhr, Sa 11–19 Uhr

Online-Stores

www.adili.com

Britischer Online-Shop mit über 60 Modefirmen. Breites
Angebot ökofairer Mode, auch Accessoires und Schuhe.
Lieferung nach Deutschland möglich. Auch zum Stöbern
geeignet.

www.bransparent.com

Informations- und Shoppingportal für grüne Mode. Mit zwei
eigenen Buttons für Sozial- und Umweltstandards. Über
1 700 Produkte von 40 Labels (Stand: September 08)

www.fashion-conscience.com

Mischung aus Infoquelle und Online-Shop; nur wenig grüne
Mode, meist britische Designer.

www.ganesha.co.uk

Fairtrade-Kaufhaus in London. Produkte sind von indischen Kooperativen hergestellt. Nach Deutschland wird
versendet.

www.glore.de

Größter deutscher Online-Shop für Ökomode. Gründer kennen die Designer der Marken, die sie führen, selbst und sind immer auf der Suche nach Newcomern. Klassiker wie Veja-Sneakers oder Tops von Stewart&Brown gibt es natürlich auch. Zuverlässige Lieferung. Ordentliche Preise.

www.grundstoff.net

Vor allem Basics, nicht nur, aber viele fair gehandelte Labels.

www.true-fashion.com

»Good, true, beautiful« lautet das Motto von True Fashion, die der Großhändler von Streetwear-Experte Kuyichi sind, führen auch die Londoner Designerin Ivana Basilotta mit Eco-Couture.

www.unique-nature.com

Sehr stilvoller junger Online-Shop, der noch wächst. Die Macherin plant auch ein eigenes Modelabel.

www.unitedelements.com

Frisch am Markt, wird sicher noch wachsen. Auch Naturkosmetik etc.

www.zuendstoff-clothing.de

Klein, aber fein. Seit neuestem gibt es auch einen Laden in Freiburg.

Online-Communities (Blogs)

Deutsch:

www.utopia.de

www.karmakonsum.de

www.alles-was-gerecht-ist.de

www.konsumguerilla.net

www.nachhall-texter.de

www.slowretail.de

www.bioemma.de

Dort ständig aktualisierte Liste zu allen Blogs rund ums Thema Nachhaltigkeit.

Speziell zur Mode

www.shopfair.blogspot.com

Zweisprachig, stellt viele kleine Labels vor.

www.goodtruebeautiful.typepad.com

Christoph Dahn, Gründer von Online-Shop True Fashion, ist ein Kenner der Szene.

www.sustainablefashion.blogspot.com

Beschreibt nicht nur Labels, sondern traut sich auch, Entwicklungen der Szene zu kommentieren (englisch).

www.hautenature.blogspot.com

Wer sich für Kunst und Design interessiert, wird hier fündig. Auch Recycling oder Tauschpartys sind Thema (englisch).

www.cleanupfashion.blogspot.com
Sehr textlastiger Blog. Schwerpunkt Arbeitsrechte (englisch).

www.ecofashionjunkies.com
Viel Mode, aber nicht nur (englisch).

www.pflanzen-färben.de
Alles über Färbepflanzen.

www.korrekte-klamotten.de
Netzwerk von vielen kleinen Trendlabels, die aus Sicht der
Macher bloggen. Empfehlenswert.

www.pamoyo.com
Frans Prins und Cecilia Palmer aus Berlin machen zwar
auch selbst Mode, sind aber vor allem gute Netzwerker
und holen die Branche zusammen. Ihr Blog zeigt, wie gut
sie sich auskennen, und erklärt auch ihre Philosophie.
Besonderer Tipp: Die Schnittmuster und Designs ihrer
Mode sind im Netz frei abrufbar. Einmalig.

www.better-dressed.com/blog
Seltene Kombination aus klugen politischen Kommentaren
und Mode-Knowhow.

www.gruenemode.de
Blog der Buchautorin rund um die grüne Mode. Im Plau-
derton gehalten.

Personen- und Sachregister

255

Bildnachweis

Bildteil 1

Seite 1:   Mit freundlicher Genehmigung von Inka Koffke
Seite 2 o.: Mit freundlicher Genehmigung von Armedangels
Seite 2 u.: Mit freundlicher Genehmigung von Armedangels
Seite 3 o.: Mit freundlicher Genehmigung von Terra Plana
Seite 3 u.: Mit freundlicher Genehmigung von Terra Plana
Seite 4:   Mit freundlicher Genehmigung von Slowmo
Seite 5:   Mit freundlicher Genehmigung von Slowmo
Seite 6 o.: Mit freundlicher Genehmigung von Noir
Seite 6 u.: Mit freundlicher Genehmigung von Terra Plana
Seite 7 o.: Mit freundlicher Genehmigung von Kuyichi
Seite 7 u.: Mit freundlicher Genehmigung von Slowmo
Seite 8:   Mit freundlicher Genehmigung von Katharine Hamnett

Bildteil 2

Seite 1:   Mit freundlicher Genehmigung von Stewart & Brown
Seite 2 o.: Remei AG/Fotograf: Jens Böthling
Seite 2 u.: Remei AG/Fotograf: Jens Böthling
Seite 3 o.: Remei AG/Fotograf: Jens Böthling
Seite 3 u.: Remei AG/Fotograf: Jens Böthling
Seite 4:   Hess Natur/Fotograf: Paul Gadd
Seite 5:   Mit freundlicher Genehmigung von Kuyichi
Seite 6 o.: Mit freundlicher Genehmigung von Magdalena Schaffrin
Seite 6 u.: Mit freundlicher Genehmigung von Magdalena Schaffrin
Seite 7 o.: Mit freundlicher Genehmigung von Continental Clothing
Seite 7 u.: Mit freundlicher Genehmigung von Misericordia
Seite 8:   privat